AF536980

Hartmut Hühnerbein

Eine Handvoll Hoffnung schenken

Über den Autor

Harmut Hühnerbein ist Pädagoge und Theologe, er hat die WERTESTARTER-Stiftung mit initiiert und ist der Vorstandsvorsitzende. Er arbeitete als Gemeinde- und Schulpfarrer und war Vorstand des Christlichen Jugenddorfwerkes Deutschlands. Ehrenamtlich engagierte er sich im Vorstand des CVJM-Gesamtverbandes, der Landessynode Württemberg und der EKD-Synode.
In der Sendereihe „Erstaunlich" war er Gastgeber und Moderator. Er selbst bezeichnet sich als ein fröhliches Gotteskind und ist ständig unterwegs, die guten Nachrichten der biblischen Botschaft unters Volk zu bringen.

Hartmut Hühnerbein

Eine Handvoll Hoffnung schenken

Geistliche Impulse

Bilderbuch „Bartimäus" von Annette Doggen und Thera Kuayin-Kroesbergen, IBB Niederlande, Übersetzung mit freundlicher Genehmigung des Bibellesebund Verlages, Marienheide.

1. Auflage 2024
Bestell-Nr. 821107
ISBN 978-3-98695-107-8

Bearbeitung: Dr. Beate Clausnitzer
Umschlaggestaltung: Hanni Plato
Umschlagfoto: Shutterstock, Subbotina Anna
Satz: Uhl + Massopust, Aalen
Druck und Verarbeitung: GGP Media GmbH, Pößneck
Printed in Germany

www.gerth.de

Inhalt

Marta + Maria = Margarete. Eine Widmung 7

Neu starten 9
Gott grüßen 12
Den Dreh finden 14
Einspruch gewähren 19
Im Fall der Fälle fallen lassen 23
Fröhlich sein in Hoffnung 24
Eine Puppe basteln 26
Pläne aufgeben 31
Die Wurst dem anderen lassen 33
Bei der Wahrheit bleiben 36
Frieden schließen 39
Zurücktreten 45
Den Ton treffen 49
Die Wahl annehmen 53
Händel singen 56
Auf in die Ewigkeit 59
Eine Handvoll Hoffnung schenken 61
Spielen wie Kinder 63
Bote werden 65
Zweifel begraben 69
Kein Stolperstein sein 73
Augen zu und springen! 76

Ruhen lassen 79
Tapfer sein 82
Heuschrecken fangen 85
Einen Zufluchtsort finden 88
Konto auffüllen 91
Tankstelle sein 94
Kreuzworträtsel lösen 96
Sein Maß finden 99
An die Zukunft erinnern 103
Auf Augenhöhe 106
Den Besseren suchen 110
Bilder anschauen 112
Ein Engel sein 117
Zum Motivationstraining gehen 119
Mal Kante zeigen 121
Eine Scheibe vom Brot 301 124
Für Tante Rosa danken 129
Dem König folgen 132
Den Freifahrtschein nutzen 135
Sich erden 138
Ein ganz normaler Held sein 141
Schirm nicht vergessen! 145
Den Fahrstuhl nutzen 148
Nicht erschrecken! 152
Mit dem Herzen hören 156
Entrümpeln 160
Mut zum Aufbruch 162
Das Licht sehen 167
Über die Schwelle gehen 171

Nachwort 174

Marta + Maria = Margarete

Eine Widmung

Beeindruckend sind die beiden Schwestern, die uns im Lukasevangelium begegnen, Marta und Maria. Sie wohnten gemeinsam in einem Haus und hatten Jesus Christus zu Gast. Maria hing an den Lippen von Jesus und nahm jedes Wort in sich auf, bewegte es in ihrem Kopf und ihrem Herzen, während Marta damit beschäftigt war, das Essen zuzubereiten und eine gute Gastgeberin zu sein. Schließlich wandte sich Marta an Jesus: Was er denn davon hielte, dass sie ganz allein schaffen und rackern müsse? Da gab Jesus, wie es scheint, eine recht frustrierende Antwort: *„Marta, Marta, du hast viel Sorge und Mühe; eins aber ist not. Maria hat das gute Teil erwählt; das soll nicht von ihr genommen werden“* (Lukas 10,42-42).

Ich kann das nicht recht nachvollziehen, denn Essen und Trinken und Gastfreundschaft sind doch etwas sehr Schönes und Gemeinschaftsstiftendes. Es fällt mir schwer, mir vorzustellen, dass Jesus eine feine Mahlzeit nicht genossen hätte. Aber dennoch meinte er, Maria habe das gute Teil erwählt.

Diese Erzählung nennt man auch den Bericht von den ungleichen Schwestern, in dem, wie ich finde, zwei Charakteristika von Frauen gegeneinander ausgespielt werden. Für mich ist die Lösung Margarete – meine Frau. Margarete, die an den Lippen von Jesus hängt, wenn man sie etwa morgens beim

Losungen- und Bibellesen beobachtet, die aber auch stundenlang in der Küche kocht und alles vorbereitet, um Gäste herzlich willkommen zu heißen und zu bewirten. Beides ist gut und beides gehört zusammen.

So leben wir ja auch als Christinnen und Christen: Wir sagen, Verkündigung braucht die helfende Tat in der Diakonie. Und auch da geht es um Essen und Trinken, heute mehr denn je. Aber die helfende Tat, die Diakonie und die Gastfreundschaft, braucht das begleitende Wort. Beides gehört zusammen. So wie bei Margarete, wie ich sie tagtäglich erlebe: mal Maria und mal Marta.

Neu starten

Neu starten, das ist ein bisschen so, wie sich eine neue Identität zuzulegen. Geht das überhaupt?

Was ich bin und was mich ausmacht, erwächst aus meinem Gegenüber: Wie ich die Beziehung zu meiner Frau lebe, bestimmt meine Identität als Ehemann; wie ich mit meinen Kindern umgehe, meine Identität als Vater. Und aus dem, was ich tue, und dem Miteinander an meinem Arbeitsplatz erwächst meine berufliche Identität. Diese Beziehungen, in denen ich lebe und in die ich eingebunden bin, machen mich aus.

Warum braucht es da eine neue Identität? Reicht die alte nicht? Eine neue Identität, mag mancher denken, die gibt es doch nur sonntagabends im „Tatort“: wenn der Krimi-Held nach einer schlimmen Erfahrung ins Zeugenschutzprogramm aufgenommen wird. Er muss mit dem Alten abschließen und bekommt ein neues Leben, frei von seiner Vergangenheit.

Tatsächlich erlebe ich als Christ etwas Ähnliches. Wenn ich eine Beziehung zu Jesus Christus aufbaue, erwächst daraus für mich eine neue Identität. Ich lasse das Alte zurück und starte neu – mit Jubilate, Cantate, mit Beten und dem Wort der Bibel.

Das Neue wird daran sichtbar, dass mein Verhalten sich ändert: Wir reden anders miteinander und hoffentlich auch anders übereinander. Es verändert sich die Atmosphäre, das gesamte Leben. Neue, große Bereiche, eine andere Kultur erschließen sich mir. Ich finde meine Schwestern und Brüder in unterschiedlichen Gemeinden, bei den koptischen Christen genauso wie bei den Orthodoxen. Ich finde sie bei den evangelischen Christen, bei den Freikirchlern und bei den Katholiken. Ich entdecke sie überall – wenn ich den Schlüssel gefunden habe: das gemeinsame Bewusstsein, durch Jesus Christus versöhnt mit Gott zu sein. Dann verändert sich auch unsere Philosophie. Wir fangen an, anders zu denken, weil wir lernen, die Welt nicht mehr mit unseren Augen, sondern mit Gottes Augen zu sehen. Mit den Augen des Schöpfers.

Ich weiß nicht, ob jeder von uns in seinem Leben einen solchen Spurwechsel an einem konkreten Moment festmachen kann. Für mich war es vor vierzig Jahren der Moment, als ich ordiniert wurde – ein großes Ereignis: die öffentliche Einsetzung in die Wortverkündigung, den Zeugnisdienst. Meine Eltern waren auch dabei – und hatten insgeheim ihre Zweifel. Nach der Ordination saß mein Vater in einer Ecke meines Büros und fragte mich: „Weißt du eigentlich, was du dir hier zugemutet hast?"

„Was habe ich mir denn zugemutet?"

„Wenn du dich öffentlich als Christ bekennst, wirst du vielleicht ausgelacht oder kritisch betrachtet. Du wirst an allen ethischen Werten und christlichen Grundsätzen gemessen werden. Junge, wie willst du das aushalten? Und was oder wer beschützt dich?"

Später habe ich darüber nachgedacht und mich gefragt: „Ja, was oder wer beschützt mich, wenn ich mich als Christ oute?" Mit der Zeit wurde mir klar: Mich beschützt das Zeugenschutzprogramm Gottes.

In der Bibel wird dieses Zeugenschutzprogramm Gottes im Matthäusevangelium beschrieben. Da sagt Jesus: *„Wer nun mich bekennt vor den Menschen, zu dem will ich mich auch bekennen vor meinem Vater im Himmel"* (Matthäus 10,32). Wer sich in den öffentlichen Zeugendienst stellt – im Freundeskreis, im Wanderkreis, bei der Freiwilligen Feuerwehr, als Mutter oder Vater gegenüber seinen Kindern, wo immer wir unsere Beziehungsgeflechte und Lebensfelder haben –, wer sich da zu Gott bekennt und ihn bezeugt, der ist im Zeugenschutzprogramm Gottes.

Er sagt uns zu: Du brauchst keine Angst zu haben. Ich bin bei dir alle Tage. Ich setze dich nicht auf den Weg und lasse dich dann allein – ich gehe mit. Wenn du erschöpft und matt bist, gilt auch für dich: *„Kommt her zu mir, alle, die ihr mühselig und beladen seid; ich will euch erquicken"* (Matthäus 11,28).

Gott nimmt uns unsere Probleme nicht. Aber das Wissen, mit ihnen nicht allein zu sein, ist das, was uns stark macht.

Das Alte vergeht, Neues wird. Wenn ich mit Christus neu starte, entsteht eine neue Schöpfung. Und ich darf mich nicht wundern, wenn dann alles anders wird.

Gott grüßen

Ich betrat den Laden und rief laut mein fröhliches „Grüß Gott“ in die Runde. Die Verkäuferin lächelte und sagte: „Man merkt doch gleich, dass Sie in Württemberg gelebt haben!“ Einer der Kunden, die dicht gedrängt vor dem Tresen standen, guckte mich an: „Grüß Gott ... Na dann ... – wenn du ihn triffst ...“

Ich fragte den Mann nach seinem Namen. Er hieß Max, und ich entgegnete ihm: „Ich treffe Gott nicht, aber ich rede jeden Tag mit ihm. Und wenn ich heute Abend mit ihm rede, werde ich sagen: Übrigens, herzliche Grüße von Max!“

Die Leute im Laden lächelten. Da fragte eine Frau: „Sagen Sie mal, was heißt eigentlich ‚Grüß Gott‘?“

„Das ist eine eingedampfte Grußformel, die so viel heißt wie: Ich grüße dich im Namen Gottes, ich wünsche dir den Segen und die Gnade Gottes.“

„Ach“, sagte sie, „das ist schön. Wenn wir Geschöpfe Gottes sind, dann können wir uns doch auch begrüßen, indem wir uns an unseren Schöpfer erinnern.“ Oh, damit hätte ich an einem Werktagmorgen im Fischladen nicht gerechnet!

Als ich meine Forellen gekauft hatte und gehen wollte, sagte sie: „Bleiben Sie ruhig bei Ihrem ‚Grüß Gott!‘. Wenn wir uns mal im Supermarkt oder hier im Laden treffen und Sie mir ein fröhliches ‚Grüß Gott!‘ zurufen, dann weiß ich ja, wie Sie es meinen!“

Einer unserer Söhne, er lebt in Süddeutschland, sagt morgens, mittags und abends „Servus!“, so wie die Hamburger bei jeder Gelegenheit „Moin!“ sagen. Ich bin mir nicht sicher, ob er überhaupt weiß, was „Servus“ bedeutet: Es kommt aus dem Lateinischen und heißt übersetzt „Sklave“, „Knecht“ oder „Diener“. Wenn man nun also „Servus!“ sagt, meint man eigentlich nichts anderes als: Ich bin dein Diener, ich stehe zu deinen Diensten.

Vielleicht ist ja damit gar nicht unbedingt der Mensch gegenüber gemeint, sondern wie bei meinem Gruß im Fischladen ist es der Verweis auf Gott? Ein Gruß, der Demut vor Gott bezeugt und uns daran erinnert, wer unser Schöpfer ist. Dann wären diese Grußformeln wie kleine Botschaften, mit denen wir uns im Alltag zurufen: Vergiss nicht, Gott ist bei uns! Mit denen wir uns ermutigen und uns gegenseitig versichern: Wir trauen auf Gott! *„Und siehe: Ich bin bei euch alle Tage bis an der Welt Ende“*, heißt es in Matthäus 28,20. Ist die Vorstellung nicht wunderbar, dass es – je nach Region – nur ein oder zwei Worte braucht, um sich dies in Erinnerung zu rufen? Und dass jede Begegnung, egal, ob morgens, mittags oder abends, eine neue Gelegenheit dafür schafft?

Auch wenn uns die genaue Bedeutung nicht bewusst ist – die Freundlichkeit dieser Grußbotschaften ist für jeden zu spüren. Und wenn sie ausbleiben, dann ist es, als wäre man sich nicht wirklich begegnet. Sich ein fröhliches „Grüß Gott!“ oder ein „Servus!“ zuzurufen, tut immer wieder aufs Neue gut. Denn es bedeutet, den Blick zu heben und innezuhalten.

Den Dreh finden

Vielleicht ist die größte Hürde, die wir Menschen innerlich überwinden müssen, das Loslassen.

Da kam mal jemand zu mir und fragte: „Wie hast du das eigentlich verkraftet, als du in den Ruhestand gegangen bist?" Es gab viele Menschen in meinem Umfeld, die der Meinung waren, ich würde mich über meinen Beruf definieren. Sie befürchteten, mit dem Ruhestand könnte ich in ein Loch fallen. Doch ich bin nicht in ein Loch gefallen. Ich habe etwas Neues angefangen. Aber dafür musste ich das Alte loslassen.

„Komm, wir gehen mal in den Garten und machen eine kleine Übung", erwiderte ich dem, der mich nach meinem Ruhestand gefragt hatte. Ich gab ihm einen großen Ball. „Dieser Ball symbolisiert deinen Beruf, deine Vergangenheit und deine Familie. Und jetzt werfe ich dir den Ball des Alters zu!"

Er versuchte, den einen Ball festzuhalten und den anderen zu fangen. Und was hatte er hinterher? Nichts.

Wenn ich die alten Bälle, die ich in meinem Leben gespielt habe, nicht aus der Hand lege, dann habe ich die Hände nicht frei für neue Bälle. Wenn ich mich als Mutter über meine Kinder definiere, dann wird es schwierig, wenn die Kinder eines Tages aus dem Haus gehen, denn dann zieht mit ihnen auch der Lebensinhalt aus. Ich muss die alten Bälle loslassen, um die anderen Bälle, die mir im Alter zugespielt werden, fangen zu können.

Und dieses Loslassen hat auch etwas sehr Befreiendes. Ich brauche niemandem mehr etwas zu beweisen. Ich muss nicht länger eine Leistungsskala von 1 bis 10 erfüllen. Meine To-do-Liste schreibe ich ab nun selbst. Und vielleicht stelle ich dann sogar fest, dass ich mehr tue und leiste, als ich eigentlich gedacht hätte. Befreiung heißt auch, Kraft und Reserven zu finden, sich neuen Dingen und Aufgaben zuzuwenden.

Altwerden ist ein herrlich' Ding, wenn man gelernt hat, was „anfangen" heißt. Wir brauchen in unserem Kopf einen Denkwechsel, eine neue Perspektive. Wir müssen den Blick auf uns selbst aufgeben und unsere Lebens- und Sinnstiftung auf etwas anderes ausrichten: für jemanden da sein, etwas zu tun haben. Das ist das ganze Geheimnis des Altwerdens. Wenn ich mich nicht mehr um die eigene Achse drehe, sondern für andere da bin und dies von Liebe getragen ist, wirkt das wie ein Jungbrunnen.

Meine Liebe, meine Zuwendung, mein Dasein für jemanden brauchen sich nicht nur auf die Familie zu beziehen. Da können sich ganz andere und neue Bereiche auftun.

So haben ein paar Leute für relativ wenig Geld bei eBay eine Kirche ersteigert, die sonst verrottet wäre. Die alten Menschen im Ort sagten: „Wir kümmern uns um die Renovierung der Kirche! Und dann holen wir eine junge Frau, die dort Jugendarbeit macht. Wir können putzen, Kaffee kochen und sind uns für nichts zu schade!" Die Alten haben sich eine neue Aufgabe gesucht, die sie mit anderen Menschen zusammengebracht hat.

In meiner Familie gibt es ein ähnlich verrücktes Beispiel. Als mein ältester Bruder mit 65 Jahren in den Ruhestand ging, wurde er Bademeister. Das Schwimmbad in seinem Ort sollte geschlossen werden. Da suchte er sich einige andere Rentner und sagte: „Das Bad wird nicht geschlossen! Wir werden es betreiben! Einer macht die Kantine, einer die Kasse, und ich mache den Bademeister." Dafür musste er dann jedes Jahr seinen Rettungsschwimmer-Schein auffrischen. Mit 79 Jahren hörte er auf, weil er nicht mehr lange genug tauchen konnte. Ich sagte zu ihm: „Wolfgang, nun lass es gut sein." Aber neulich sah ich ihn auf YouTube in einem Shanti-Chor. Ich ziehe tief meinen Hut vor ihm. Mein Bruder ist ein bodenständiger Mensch, hält immer Ausschau, was er machen kann.

Altwerden ist ein herrlich' Ding, wenn man fit bleibt. Dafür muss ich etwas tun, muss meinen Körper, meine Seele und meinen Geist in Form halten. Wenn ich mich nicht bewege, werden meine Glieder und meine Beine schwach. Und wenn ich schwach werde, habe ich erst recht keine Lust zu laufen. Vielleicht regnet es dann auch noch, und die Sonne scheint nicht. Da bleibe ich doch lieber gleich vor dem Fernseher sitzen. Und werde immer schwächer. Wie unsere Muskeln schwach werden, wenn wir sie nicht in Bewegung halten, ist es auch mit unserer Seele und unserem Geist. Was hält den Geist in Bewegung? Das muss nicht Lesen sein. Es gibt Leute, die eine Aversion gegen das Lesen haben. Mein Geist kann ebenso wach werden, wenn ich mich um andere Menschen kümmere und auf Leute zugehe. Das tut auch der Seele gut.

Ich weiß, oft bedeutet Altwerden körperliche Gebrechen, vielleicht sogar schlimme Schmerzen. Manche wachen morgens auf und brauchen sehr lange, bis sie überhaupt aufstehen können. Und wenn sie schließlich aufgestanden sind, gucken sie noch mal ins Bett, ob sie auch alle Knochen mitgenommen haben.

Ich kannte eine Frau, die permanent klagte und litt. Als ich es nicht länger ertragen konnte, sagte ich zu ihr: „Ich habe ein gutes Rezept, wie du mit deinem Leiden und deinem Schmerz umgehen kannst!“

„Und wie?“, wollte sie wissen.

„Indem du hilfst, die Last eines anderen zu tragen. Wenn du die Last eines anderen mitträgst, dann schmerzt dich deine eigene Last nicht mehr.“

Loslassen und das Alter annehmen – das bedeutet auch, die eigenen Grenzen zu akzeptieren. Natürlich gehen manche Dinge nicht mehr so, wie man möchte, wenn man an Jahren zulegt. An diesen Begrenzungen kann ich leiden und den ganzen Tag nur noch aus dem Fenster schauen. Aber ist das eine schöne Art, das Leben zu gestalten?

Wenn ich dagegen meine Begrenzung annehme, kann ich auch neu überlegen, was ich innerhalb dieser Begrenzung tun kann. In meiner früheren Gemeinde gab es eine ältere Dame, die im Rollstuhl saß und nur noch mithilfe anderer zum Gottesdienst kommen konnte. Über Jahrzehnte hatte sie zu den Aktivsten in der Gemeinde gehört, hatte Kaffee gekocht, Tische aufgebaut … Und dann konnte sie einfach nicht mehr. Da nahm sie sich die Gemeindeliste und schrieb jedem Gemeindemitglied eine Geburtstagskarte.

Ich habe ihr gesagt, wie gut ich das finde.

„Ja“, erwiderte sie, „das ist viel Arbeit.“ Denn es waren viele Gemeindeglieder. „Aber die Arbeit ist nicht das Schreiben. Sondern die Anrufe der Leute, die sich bedanken und sagen: ‚Ich habe mich über die Karte gefreut und dass du auch weißt, dass ich im Krankenhaus war.‘ So bringt eine Geburtstagskarte, die ich verschickt habe, manchmal eine Stunde Telefonieren mit sich …“

Die Frau konnte nicht mehr allein das Haus verlassen. Sie konnte keinen Kuchen mehr backen, keine Tische mehr decken. Aber trotz der Begrenzung ihres Lebens fand sie eine neue sinnvolle Aufgabe, die ihr sehr viel Freude bereitete. Sie hat den alten Ball Vergangenheit losgelassen und den neuen, den das Alter ihr zugespielt hat, angenommen. Sie hat den Dreh gefunden: weg von mir, hin zu anderen.

Der wesentliche Punkt ist, dass ich mir meiner Möglichkeiten bewusst bin, aber auch weiß, dass ich etwas abgeben muss. Ich will nicht krampfhaft an den alten Dingen hängen, sondern sie loslassen und frei sein für das Neue, dass da kommt.

Und solange ich lebe, darf ich vertrauen, dass die Bälle, die das Alter mir zuspielen möchte, immer so groß sein werden, dass ich sie auch fangen kann. Ich brauche nur den richtigen Dreh – und Vertrauen. Denn *„die aber auf den Herrn hoffen, empfangen neue Kraft, wie Adlern wachsen ihnen Flügel. Sie laufen und werden nicht müde, sie gehen und werden nicht matt*“ (Jesaja 40,31).

Einspruch gewähren

Einen Vater von vier Kindern fragte ich mal: „Wie viel Jesus brauchen deine Kinder?" Daraufhin schrieb er mir eine E-Mail: „Mehr, als die einen denken, und weniger, als die anderen denken." Nun ja.

Aber die E-Mail ging noch weiter: „Mehr, als jene denken, die religiöse Bildung sagen und damit in der Hauptsache moralische Werte meinen. Christlicher Glaube ohne Jesus ist wie eine Feier ohne Gastgeber. Und Kinder lieben Jesus, sobald sie ihn kennenlernen. Das war schon im Evangelium so, das ist auch heute noch so, wenn die Kinderbibel zu Hause, in der Kinderkirche oder im Religionsunterricht aufgeschlagen wird. Kinder staunen über Jesus, über seine heilende Kraft, wenn er dem blinden Bartimäus die Augen öffnet; über seine vorurteilsfreie Zuwendung, wenn er den Steuerhinterzieher Zachäus vom Baum holt und mit ihm ein Fest feiert; über die zeitlosen Gleichnisse von Samaritern, von den beiden Brüdern, vom verlorenen Schaf.

Und doch auch weniger, als jene denken, die auf religiöse Erziehung pochen und dabei das Kindgemäße aus dem Auge verlieren. Denn Jesus ist nicht nur eine Kinderfigur. Es gibt Seiten der Jesusgeschichten, die alle Finsternis menschlicher Schicksale widerspiegeln: Verlassenheit und Verrat, Tod und Trauer, Wut und Gewalt, Schuld und Versagen. Man kann Kinder vor diesen Themen nicht bewahren, doch es gehört

Feingefühl für den richtigen Moment und manchmal auch die richtige Reife dazu. Jesus ist keine harmlose Gestalt aus einem Kinderbuch. In jedem Fall: Jesus fasziniert Kinder. Seine Geschichte und seine Geschichten zeigen das pralle Leben. Und sie inspirieren zum Glauben, zum Lieben, zum Hoffen."

Diese Antwort hat mich nachdenklich gemacht. Wenn wir das Leben von Jesus Christus betrachten, dann ist da nicht immer alles schön und eitel Sonnenschein. Auch Kindern wird das deutlich. Ich habe das in meiner eigenen Familie erfahren.

Mein Sohn ging in einen evangelischen Kindergarten, und wie bei einem solchen Kindergarten üblich, wurden dort den Kindern auch die Jesusgeschichten nahegebracht. Eines Abends ging ich an sein Bett und sagte wie immer: „So, und jetzt wollen wir beten." Aber da meinte mein Sohn: „Nein, Papa, ich bete nicht mit dir, ich bin mit Jesus fertig!" Na, Prost Mahlzeit. Pfarrerssohn, vier Jahre alt und mit Jesus fertig. „Und den Vorhang kannst du auch zuziehen. Jesus muss gar nicht in mein Zimmer gucken!" Also habe ich den Vorhang zugezogen und bin gegangen.

Was erzählst du deinem Sohn, wenn er dir sagt, er sei mit Jesus fertig?

An diesem Abend erst einmal gar nichts. Vorhang zu. Lieber Gott, das ist heute nicht mein Tag!

Etwas später ist mir aufgegangen, was da passiert ist: Mein Sohn war also „mit Jesus fertig" – für ihn war Jesus gestorben. Ja genau! Aber so wie die Kreuzigungsgeschichte zu Jesus und der Tod zu seinem Leben gehören, ist dies doch nur die eine Seite der Medaille. Denn was folgt auf die Kreuzigungsgeschichte? Die Auferstehung. Jesus ist der Sieger, der den

Tod überwunden hat. Und so gehört der Tod dazu, zu dieser Geschichte, an deren Ende Jesus der Sieger ist.

Und bei Kindern ist das – wie sich später herausstellte – wie bei uns: Mit Siegerpersönlichkeiten können sie gut umgehen!

Wie viel Jesus brauchen Kinder? Sie sagen es uns selbst. Wir müssen ihnen nur genau zuhören. Und wir müssen mit unserem Herzen bei den Kindern sein, uns in sie hineinversetzen; das, was sie fasziniert und begeistert, erspüren.

Gleichzeitig aber müssen wir ihnen auch das, was uns auf dem Herzen liegt, sagen. *„Mein Sohn, wenn du meine Rede annimmst und meine Gebote behältst, sodass dein Ohr auf Weisheit achthat, und du dein Herz der Einsicht zuneigst, ja, wenn du nach Vernunft rufst und deine Stimme nach Einsicht erhebst, wenn du sie suchst wie Silber und nach ihr forschst wie nach Schätzen, dann wirst du die Furcht des Herrn verstehen und die Erkenntnis Gottes finden“*, heißt es im 2. Kapitel der Sprüche. Die Weisheitsliteratur im Alten Testament erinnert uns an nichts anderes als daran, dass die ältere Generation in der Verantwortung steht, das für sie Wichtige und an sie Überlieferte an die jüngere Generation weiterzugeben, den Faden guter Traditionen nicht abreißen zu lassen.

Bei uns in der Familie ist es Tradition, am Heiligabend vor dem Essen die Weihnachtsgeschichte zu lesen. Einmal, als Weihnachten einige unserer Kinder und eine größere Zahl unserer Enkelkinder bei uns waren und es schon etwas unruhig wurde, weil noch die Bescherung anstand, sagte meine Frau: „Wir waren ja im Gottesdienst, dann brauchen wir heute die Weihnachtsgeschichte nicht zu lesen. Wir singen zwei Lieder, damit wir möglichst schnell zur Bescherung kommen, und dann ist Ruhe im Laden.“

Diese Rechnung hatte sie aber ohne ihren ältesten Sohn gemacht. Dieser erhob lautstark Einspruch: „Wir haben immer Heiligabend vor dem Abendessen die Weihnachtsgeschichte gelesen – Bescherung hin, Bescherung her! Und so findet das auch heute statt!" Das war so nachdrücklich, dass es keinen weiteren Widerspruch gab. Wie hätten wir denn auch aufbegehren sollen, wenn das die Wirkung unserer Erziehung war: Der Sohn möchte die biblische Geschichte lesen! Das kann man doch nicht unterbinden!

Also saßen wir vereint am Tisch und der Vater las abwechselnd mit seinem ältesten Sohn die Weihnachtsgeschichte. Ich habe in mich hineingeschmunzelt und gesagt: „Das war für mich eine Bescherung der besonderen Art. Denn was ist schöner, als wenn die ältere Generation erleben kann, dass das, was sie ihren Kindern mitgegeben hat, von diesen auch an die nächste Generation weitergegeben wird?"

Wie viel Jesus brauchen Kinder? Sie sagen es uns selbst – je älter sie werden, vielleicht umso deutlicher. Jedenfalls, wenn es gute Tradition ist, Jesus lebendig zu halten.

Im Fall der Fälle fallen lassen

Es gibt einen Text im Neuen Testament, der mein Fallschirm ist: *„Denn ich bin gewiss, dass weder Tod noch Leben, weder Engel noch Mächte noch Gewalten, weder Gegenwärtiges noch Zukünftiges, weder Hohes noch Tiefes noch irgendeine andere Kreatur uns scheiden kann von der Liebe Gottes, die in Christus Jesus ist, unserm Herrn"* (Römer 8,38-39).

Warum ist dieser Text ein Fallschirm für mich? Weil hier der tiefste Punkt menschlicher Existenz, der tiefste Punkt menschlichen Lebens angesprochen wird: der Tod. Die Aufgabe eines Fallschirms besteht darin, dass dieser Schirm sich öffnet, wenn ich falle, wenn ich stürze, und ich sicher landen kann. Wenn der tiefste Punkt meines Lebens der Tod ist und ich falle, dann falle ich nicht ins Nichts, sondern falle mit meinem Rettungsschirm in die Ewigkeit.

Jetzt sagt mancher vielleicht: Aber was, wenn ich sterbenskrank bin und keine Kraft mehr habe, die Reißleine zu ziehen, damit dieser Fallschirm aufgeht?

Du brauchst keine Angst zu haben, wenn du dein Leben mit Gott und Jesus Christus gehst. Denn dann ist Christus an deiner Seite und der zieht die Reißleine für dich. Und wenn du fällst, vielleicht auch tief fällst, dann kannst du damit rechnen, dass Gottes Hand dich auffängt.

Fröhlich sein in Hoffnung

Was ist für unser Leben unverzichtbar? Der eine oder andere antwortet jetzt vielleicht: Essen und Trinken, Schlafen, eine Arbeit und ein Dach über dem Kopf.

Wirklich unverzichtbar für unser Leben ist jedoch etwas anderes: Hoffnung. Ohne Hoffnung gibt es kein Leben. Hoffnung ist wie Sauerstoff: Wenn die Menschen keinen Sauerstoff haben, tritt der Tod durch Ersticken ein. Wenn die Menschen keine Hoffnung haben, sind sie nicht lebensfähig.

Hoffnung zu haben bedeutet, ein Licht am Ende des Tunnels zu sehen. Hoffnung ist die Erwartung, dass alles gut gehen wird. Diese Erwartung gibt uns im Alltag Halt und Sicherheit. Hoffnung an dunklen Tagen heißt, daran zu glauben, dass es ein besseres Morgen gibt.

Hoffnung ist ein Seil, das einen Ertrinkenden retten kann. Hoffnung versetzt Menschen in die Lage, in scheinbar ausweglosen Situationen nicht aufzugeben. Hoffnung nährt und weckt den Wunsch zu leben. Hoffnung haben heißt, nach etwas greifen, das noch nicht sichtbar ist.

Aber mit der Hoffnung verbunden ist doch immer die Unsicherheit. Sonst würde man ja nicht von Hoffnung sprechen, sondern von Gewissheit. Wenn ein Bauer auf eine gute Ernte hofft oder ein Krebskranker hofft, wieder gesund zu werden, dann hoffen beide auf einen guten Ausgang, ohne etwas dazu beitragen zu können. Doch mit der Hoffnung auf eine gute

Ernte steht der Bauer jeden Tag in aller Frühe auf und der Krebskranke kämpft weiter.

In der Bibel lesen wir: *„Seid fröhlich in Hoffnung, geduldig in Trübsal, beharrlich im Gebet“* (Römer 12,12). Paulus schrieb dies an die Gemeinde in Rom. Die Menschen dieser Gemeinde waren Verfolgte, versteckten sich in Katakomben und gaben sich nicht zu erkennen. Paulus ermutigte sie, die Trübsal ihrer Verfolgung geduldig anzunehmen. Wenn er sie aufforderte, sich durch nichts vom Gebet abbringen zu lassen, dann riet er ihnen, die Nähe und das Gespräch, den Austausch mit Gott zu suchen. Nie aufzugeben. Statt traurig sollten sie fröhlich sein, weil sie durch Gott Hoffnung hatten.

Denn was ist der Ursprung, die Kraftquelle aller Hoffnung?

Wir kennen es aus unserem Alltagsleben: Wenn es heißt „guter Hoffnung sein“, dann ist Leben im Anmarsch. Nach neun Monaten wird es auf die Welt kommen. Wenn man aber im Hinblick auf Gott und auf Jesus Christus „guter Hoffnung“ ist, dann bedeutet dies Leben im Hier und Heute und Leben in der Zukunft.

Durch die Geschichte Gottes mit den Menschen hindurch können wir sehen, wie für Christinnen und Christen die Hoffnung immer wieder genährt wurde. Paulus schrieb den Verfolgten *„Seid fröhlich in Hoffnung“*, weil er die Gewissheit hatte, dass es einen Grund hierfür gibt. Niemand von uns kann ins Blaue hinein hoffen. Wenn wir Hoffnung haben, dann ist es eine begründete Hoffnung. Wir können fröhlich sein, denn unser Hoffnungsgrund ist Gott.

Eine Puppe basteln

Wir reden ja viel von Ansteckung und Vorsorge – und dabei geht es stets um Krankheiten. Aber auch Gesundheit kann ansteckend sein: Wenn Leute fröhlich sind, wenn sie Orientierung und einen Halt im Leben haben, dann schauen andere sie an und fragen sich: Was machen diese Menschen wohl richtig im Leben? So ansteckend kann Gesundheit sein.

Besonders für unsere Kinder wollen wir nur das Beste und tun viel für ihre Gesundheitsvorsorge. Deshalb sollten wir ihnen von Jesus erzählen. Das ist eine allumfassende Vorsorge – es ist ansteckende Gesundheit. Aber was bedeutet das eigentlich: Kindern von Jesus erzählen? Ist das eine Qualitätsfrage? Oder eine Quantitätsfrage? Weder noch. Kindern von Jesus zu erzählen, ist vielmehr eine Beziehungsfrage. Wenn wir Kindern etwas von Jesus erzählen, geht es darum, dass sie eine lebendige Beziehung zu Jesus Christus finden.

Zu meinen früheren Aufgaben gehörte es, Religionslehrer auszubilden. Der Lehrplan umfasste all die klassischen pädagogischen Bereiche wie Didaktik und Methodik – aber bei mir gab es zu Beginn jedes Seminars erst einmal eine Viertelstunde biblische Erzählschule: eine Schulung, wie man biblische Geschichten erzählt. Denn über Pädagogik und Psychologie zu reden, das ist Studenten vertraut. Aber Kindern eine biblische

Geschichte zu erzählen, ist schon etwas schwieriger. Keiner der Studenten ist damals aus dem Raum gegangen, ohne dass er wenigstens einmal im Semester vor der Gruppe gestanden und eine biblische Geschichte erzählt hat. Und wenn ich später ehemalige Studenten traf und sie gefragt habe: „Na, was ist denn so hängen geblieben?", war ihre Antwort meist: „Am hilfreichsten war die biblische Erzählschule!"

Wir haben mit einfachen, kleinen Übungen angefangen. Als Großvater, der viel mit seinen Enkeln unternimmt, habe ich sicherheitshalber immer eine Rolle Toilettenpapier in der Tasche – und die lässt sich erstaunlich vielfältig einsetzen: So kann man auf die Rolle ein Gesicht malen, dann ein Taschentuch hindurchziehen – und schon hat man eine Handpuppe. Wenn man dann eine Geschichte erzählt, freuen sich die Kinder und gucken die Puppe an. Eigentlich brauchen die Kinder diese Puppe nicht, sie könnten auf all diesen Firlefanz auch verzichten. Aber manche von uns tun sich schwer, etwas zu erzählen, weil sie dabei immerzu angeschaut werden. Wenn ich jedoch eine Puppe habe, die den Kindern die Geschichten erzählt, blicken die Kinder auf die Puppe. Falls ich dann zwischendurch den Faden verliere, mich verhasple, ist das nicht schlimm, denn das bin ja nicht ich, sondern es ist die Puppe. Und dann ist es sogar lustig, wenn sich die Puppe verspricht und Fehler macht …

Den Kindern würde unser Gesicht mit unseren leuchtenden Augen und unsere Stimme, wenn wir von Jesus erzählen, auch genügen. Denn sie spüren genau, ob das, was wir da erzählen, in uns und uns wirklich wichtig ist.

Aber nehmen wir doch ruhig mal eine Handpuppe und lassen sie eine Geschichte erzählen – zum Beispiel die Geschichte von Bartimäus:

Hör Bartimäus rufen:
„'ne Spende, bitteschön!"
Will ihm denn keiner helfen?
Er kann doch gar nichts sehn.

So geht es alle Tage.
Die Leute sehn ihn hier.
Er hört nicht auf zu fragen:
„Erbarmt euch, helft ihr mir?"

Der blinde Mann hört Stimmen:
„Jesus ist in der Stadt!
Kommt schnell, wir wollen hören,
was er zu sagen hat."

Der arme Bartimäus,
jetzt sitzt er hier allein.
Da vorn, bei diesem Jesus,
da würd er auch gern sein!

Dann fängt er an zu rufen:
„Ach Jesus, hör mir zu!"
Die Leute sagen: „Still jetzt!
So gib doch endlich Ruh!"

Der Blinde ruft noch lauter:
„Oh Jesus, bist du da?
Ich hörte, du kannst helfen.
Ist das denn wirklich wahr?"

Hört Jesus seine Rufe?
Und bleibt er stehen hier?
Ja, Jesus sagt: „So bringt doch
den blinden Mann zu mir!“

Die Menschen gehn zur Seite.
Sie sagen: „Komm im Nu!
Denn Jesus ruft dich zu sich.
So komm doch schnell dazu!“

Sieh Bartimäus rennen.
Er läuft zu Jesus nun.
Und Jesus sagt: „Ich helfe dir.
Was kann ich für dich tun?“

„Ich möchte gerne sehen.
Das wünsche ich mir sehr!“
Und Jesus sagt: „Ich helfe dir.
Drum kam ich heute her.“

Der blinde Mann kann sehen,
froh schaut er Jesus an:
„Das ist ein echtes Wunder,
was du an mir getan!“

Zwei Minuten, dreißig Sekunden – und schon ist eine biblische Geschichte erzählt. Man kann die Geschichte vorlesen, kann sie aber auch mit eigenen Worten wiedergeben, und sie muss sich noch nicht einmal reimen! Und wer die Geschichte nicht so richtig auf die Reihe bekommt, kann sich ein Bilderbuch zu Hilfe nehmen und zu jedem Bild etwas Schönes sagen. Und dann wird gemeinsam umgeblättert, und auf der Rückseite jedes Bildes steht – solche tollen Bücher gibt es! – der passende Text. So einfach kann das sein mit dem Weitergeben der biblischen Geschichten.

Wenn man Kindern diese Geschichten erzählt, entsteht in ihnen ein Bild von Jesus. Und wenn in einem Menschen ein Bild entsteht, dann nennt man das Bildung. Aber es genügt nicht, diese Bilder nur im Kopf zu haben und sie zu kennen – die Jesusgeschichten gehören vielmehr ins Herz. Deshalb sollten wir Kindern lebendig und authentisch von Jesus erzählen. Dann hören sie nicht nur gut zu und wollen die Geschichten immer wieder erzählt bekommen – sie werden sie auch nicht mehr vergessen, weil sie Jesus im Herzen haben.

Wir brauchen für unsere Kinder Herzensbildung. Wenn ein Kind in seinem Herzen das Bild von Jesus Christus trägt, dann wird es seine Faust nicht mehr ballen, um zu schlagen, sondern wird vielleicht jemanden an die Hand nehmen. Dann wird es einen anderen nicht in den Schwitzkasten nehmen, sondern ihn umarmen. Und es wird nicht treten, wenn jemand am Boden liegt, sondern hingehen zu dem, der seine Hilfe braucht. So einfach ist das. Und so einfach ist das, wenn wir die Jesusgeschichten erzählen.

Kindern von Jesus zu erzählen, ist nicht eine Frage der Qualität und auch nicht der Quantität, sondern eine Frage der Beziehung. „[…] *wie geschrieben steht: ‚Denen nichts von ihm verkündigt worden ist, die sollen sehen, und die nichts gehört haben, sollen verstehen*‘“ (Römer 15,21). Und wann weiß ich, dass ein Kind eine Beziehung zu Jesus Christus hat? Wenn das Kind mir sagt: Jesus ist mein Freund.

Pläne aufgeben

Ich hatte keine christliche Karriereplanung und wollte auch nicht Pastor werden. In der Rückschau sieht zwar alles ganz einfach aus und als wäre es eine Bilderbuchkarriere gewesen, aber das war es nicht. Schon als ich anfing, Theologie zu studieren, gab es mehr Irritation als Beifall in meiner Familie. Und meine Freunde fragten sich, was wohl in meiner Erziehung falsch gelaufen sei ...

Gott ist mit mir seinen eigenen Weg gegangen – und hat mir auf diesem Weg einiges zugemutet. Als ich für straffällige Jugendliche kämpfte, bekam ich es mit einer Bürgerinitiative zu tun. Als ich mich für minderjährige drogenabhängige Mädchen einsetzte, hatte ich den Drogenhandel am Hals. Als ich mich für die Eingliederung rechtsradikaler Menschen einsetzte, musste ich mich mit rechtsradikalen Gruppen auseinandersetzen. Und als Kopf eines Unternehmens hatte ich auch da manchen Schlag auf diesen Kopf auszuhalten. Irgendwann fragte mich meine Frau: „Findet das alles mal ein Ende? Können wir uns vielleicht auch etwas Friedliches vorstellen?"

Meine Antwort aber war: „Nein, das können wir nicht."

Denn wenn Gott uns beruft, dann genügt es nicht, diesen Ruf nur zu hören, dann müssen wir ihm auch folgen. Und das bedeutet, Widerstände auszuhalten und sie zu überwinden.

Gottes Berufungsgeschichten sind nicht immer große Geschichten. Es kann auch sein, dass ich berufen bin, für die Gemeinde und die Mitarbeiter Geburtstagsbriefe zu schreiben oder jemandem eine CD mit einem netten Gruß in den Briefkasten zu stecken, für Menschen zu beten, Kindergottesdienst zu halten oder mal ein deutliches Wort zu sagen, wenn etwas aus dem Ruder läuft. Es kann meine Berufung sein, einem Krach nicht aus dem Weg zu gehen, sondern mich ihm zu stellen; als Mutter oder Vater Position zu beziehen und zu sagen, was ich denke. Letztlich geht es darum, wie ich meine christlichen Grundüberzeugungen im Alltag lebe. So wie Jesus zu Simon sprach: „*Fürchte dich nicht! Von nun an wirst du Menschen fangen*" (Lukas 5,10).

Wenn mich Leute nach meinen Plänen fragen, sage ich: Ich habe es aufgegeben, Pläne zu machen. Mein Leben hat mich gelehrt, dass Gott mich immer da hinführt, wo ich nie hinwollte. Man kann dagegen aufbegehren, aber das ändert nichts. Denn Gott beruft dich und mich mit unseren Gaben und Möglichkeiten, damit wir in seinem Namen gute Arbeit machen. Und wenn wir in einer Gottesbeziehung, in einer Christusbeziehung leben, dann hat Gottes Ruf in eine Aufgabe oder einen Dienst auch eine Konsequenz: Ich muss seinen Plänen folgen und nicht meinen. Und wenn ich damit hadere, dann weiß ich doch: Niemand ist zu schwach, in jedem kann Gottes Kraft mächtig sein.

Die Wurst dem anderen lassen

Es gibt Dinge, die mir fremd sind, weil ich sie bisher in meinem Leben nicht erfahren musste – Hunger zum Beispiel. Was bedeutet es, hungrig zu sein?

Ich bin häufig in Berlin. Gleich hinter dem Bahnhof Zoo gibt es eine Bahnhofsmission mit einer Essenausgabe. Als ich dort einmal abends gegen halb zehn vorbeikam, sah ich eine lange Schlange – 80 bis 100 Menschen, die für ihr Essen anstanden. Ich beschloss, mich dazuzustellen, und fiel auch gar nicht weiter auf. Man meint zwar immer, man träfe an einem solchen Ort vorwiegend Junkies oder Obdachlose, aber ich sah hauptsächlich Menschen wie du und ich.

Hinter mir in der Schlange stand ein dunkelhäutiger Student, der mir erzählte, für die Uni müsse er sich Software und Materialien kaufen, sein Geld reiche hinten und vorne nicht. Das Essen in der Mensa könne er sich nicht jeden Tag leisten und deshalb sei er sehr froh über das Angebot der Bahnhofsmission.

Vor mir in der Reihe stand ein älterer Herr. Er war Rentner, der für seine Frau und sich das Essen holte. Er erzählte mir, dass er jeden Tag Flaschen sammle, 40 Euro pro Woche bekomme er im Schnitt auf diese Weise zusammen. Heute habe er keinen guten Tag gehabt, deshalb sei er zur Essenausgabe der Bahnhofsmission gekommen. Er mache das, um seinen Enkelkindern auch mal 20 Euro zustecken zu können.

Ich erkundigte mich, was denn seine Kinder sagten, wenn er sich bei der Bahnhofsmission anstelle und Plastikflaschen sammele, um den Enkelkindern ein Taschengeld für ihre Freizeit geben zu können.

„Ach", antwortete er, „die wissen das gar nicht. Denen sage ich, dass ich nebenher in einem Recyclingbetrieb arbeite." Was ja auch irgendwie stimmte, wenn er Plastikflaschen sammelte.

Plötzlich zwängte sich jemand vor mich. „Hey, den musst du dir vorknöpfen, der hat sich vorgedrängelt!", stieß mich ein anderer an.

„Warum sollte ich das tun?", fragte ich. „Hier ist doch noch jeder satt geworden."

„Ach, du hast ja keine Ahnung! Nur wer vorne in der Schlange steht, bekommt noch die Brötchen mit Wurst und Käse. Die sind sonst alle weg!"

Man könnte zu dem Schluss gelangen, höflich zu sein, rentiere sich nicht. Wer höflich ist, stellt sich hinten an und lässt anderen den Vortritt – doch wer sich anstellt, hat alle vor sich. Anderen die Tür aufzuhalten ist zwar immer noch ein Akt der Höflichkeit, aber gleichzeitig leben wir in dem Bewusstsein, die Ersten sein zu müssen, denn „wer zu spät kommt, den bestraft das Leben".

Und was passiert, wenn alle so denken? Wenn Rüpel und Ignoranten Oberwasser gewinnen? Das Ergebnis ist soziale Kälte, Egoismus, eine Ellbogengesellschaft.

Mich fragte mal ein Kind aus einer Kindergruppe: „Ist Gott eigentlich ein höflicher Gott?" Da meinte ein Junge: „Ja, Gott ist ein höflicher Gott. Ich habe in der Bibel gelesen: *Siehe, ich stehe vor der Tür und klopfe an*" (Offenbarung 3,20). Ich brauchte dem Kind gar nicht zu antworten, denn ein Mädchen erwiderte darauf: „Dann musst du aber auch höflich sein, ihm die Tür öffnen und dir zumindest anhören, was er dir zu sagen hat!“

Ich bin zutiefst davon überzeugt, dass unsere Höflichkeit ein Nachahmen dessen ist, wie Gott mit uns Menschen umgeht. Wenn wir mit anderen und mit unserem Leben so umgehen, wie Gott, wie Jesus Christus mit uns umgeht, brauchen wir uns nicht mehr anzustrengen, höflich zu sein. Denn dann stellt sich die Höflichkeit von selbst ein. Dann geht es nicht mehr um die Wurst – und das tut richtig gut.

Bei der Wahrheit bleiben

Vierzig Jahre habe ich in einem Sozialwerk gearbeitet, als Vorstand und Geschäftsführer – eine tolle Zeit. Aber zu meinen Erfahrungen gehörte auch, dass ich geschmäht wurde. Ganze Bürgerinitiativen hatte ich gegen mich.

Als Sozialwerk hatten wir ein neues Konzept für straffällig gewordene Jugendliche entwickelt, weil wir uns sagten: Es kann doch nicht sein, dass diese Jugendlichen von einer Knastszene in die nächste geraten. Sie müssen rehabilitiert werden. Das fand auch der Justizminister von Baden-Württemberg und unterstützte uns bei der Umsetzung unseres Konzeptes.

Die meisten Menschen halten es für wichtig, dass wir soziale Einrichtungen haben, in denen wir uns um straffällig gewordene Jugendliche und die Randständigen der Gesellschaft kümmern. Aber niemand will sie in seiner Nachbarschaft haben. Dann werden ganz schnell Bürgerinitiativen gegründet, die rufen: „Das geht nicht, so etwas wollen wir nicht in unserem Ort! Wenn hier straffällig gewordene Jugendliche herkommen, kann keiner mehr über die Straße gehen!" Das alles bekam ich zu hören und es blieb nicht bei solchen Rufen. Es ging schließlich so weit, dass ich als Kämpfer für eine randständige Gruppe mit denen identifiziert wurde, für die wir uns als Sozialwerk einsetzten – ich wurde beschimpft, öffentlich an den Pranger gestellt.

Und was geschah fünfzehn Jahre später? Da wurde mir für dieses Projekt ein Orden um den Hals gehängt.

Das ist mir nicht einmal, sondern mehrfach in meinem Leben passiert: erst geschmäht und dann geehrt. Diesen Gegensatz hat auch Paulus in seinem Brief an die Korinther aufgegriffen, als er ihnen schrieb: „*Wir erweisen uns als Gottesdiener, ob wir nun geehrt oder geschmäht werden, ob man Schlechtes über uns redet oder Gutes. Wir werden als Betrüger angesehen, aber wir halten uns an die Wahrheit. Wir werden nicht beachtet und sind doch anerkannt. Ständig sind wir vom Tod bedroht, und doch sind wir – wie ihr seht – immer noch am Leben. Wir werden schwer geplagt und kommen doch nicht um. Wir erleben Dinge, die uns traurig machen, und sind doch immer voll Freude. Wir sind arm und machen doch viele reich. Wir besitzen nichts, und doch gehört uns alles*" (2. Korinther 6,8-10). Hier packt Paulus ein sehr wichtiges Thema an, nämlich dass eine christliche Existenz, ein Leben als Christ, immer ein Leben in Spannung ist.

Ob wir nun geehrt oder geschmäht werden – darauf kommt es nicht an. Es kommt darauf an, bei der Wahrheit zu bleiben. Alles, was wir tun, muss von der Wahrheit getragen sein. Und das ist die biblische Botschaft. Wenn ich mein Leben auf die biblische Botschaft gründe und mich von ihr getragen weiß, dann kann auf mich einprasseln, was will. In der Konsequenz erfahren wir Dinge, die uns traurig machen – aber unsere Lebensfreude, das, was uns Kraft schenkt und unser Tun bestimmt, bleibt davon unberührt.

Wenn wir uns an die Wahrheit halten, sind wir nicht angewiesen auf das Urteil anderer, auch nicht auf ihre Verurteilungen.

Wenn wir uns an die Wahrheit halten, sind wir nicht abhängig von irgendetwas, weil wir das, was wir wirklich zum

Leben brauchen, in uns tragen: die Liebe Gottes. Aber die Liebe Gottes zu spüren, heißt nicht, sie mit der eigenen Harmoniesucht zu verwechseln oder damit, dass wir konfliktscheu sind, denn die Liebe Gottes löst die Spannungen in unserem Leben nicht auf. Im Gegenteil: Sie macht unser Leben spannend.

Frieden schließen

Wir sind oft am Tegernsee. Dort laufe ich, wie sonst auch, gern ein, zwei Stunden in der frischen Morgenluft. Auf meinem Weg gibt es bei der Tegernseer Bucht eine Glocke, die an einem nicht sehr hohen Balkengerüst hängt. Hundertmal bin ich hier schon vorbeigekommen. Eines Morgens blieb ich stehen und schaute mir die Glocke genauer an. Ich las, dass sie über 900 Kilogramm wiegt, wann sie läutet und wer die Glocke gestiftet hat. Und ich sah, dass die Glocke einen Schriftzug trägt: „Frieden in mir. Frieden mit dir. Frieden zwischen allen Völkern und Religionen."

Ich nahm mir vor, jeden Morgen auf meinem Weg über eine dieser Friedensbotschaften nachzudenken. Und ich wollte auch gleich damit beginnen.

Was also bedeutet es, *Frieden in mir* zu haben? Mein erster Gedanke war: Bei mir ist doch alles in Ordnung! Ich bin ein ausgeglichener, fröhlicher Mensch, befinde mich in der Nachspielzeit meines Lebens, alles ist gut. Aber dann meldete sich mein Gewissen: Hartmut, du läufst hier nur für dich allein, du musst dir nichts in die Tasche lügen. Rede dir die Welt nicht schön! Es ist doch gar nicht alles in Ordnung bei dir.

Während des Pädagogikstudiums habe ich in meinem Hauptfach Psychologie viel zum Thema „Gewissensforschung" gelernt und auch eine Hausarbeit geschrieben – aber eins ist durch alle meine Studien nicht verändert worden:

meine Grundposition, die ich bereits als Fünfzehnjähriger hatte. Schon damals trug mein Gewissen einen Namen: Jesus. Und so ist es bis heute. Wenn sich mein Gewissen meldet, das schlechte wie das gute, dann meldet sich Jesus bei mir zu Wort.

Manche haben ein gestörtes Verhältnis zu ihrem Gewissen, für sie ist es so etwas wie eine drohende Faust. Andere halten das Gewissen für eine moralische Dampfwalze, die einen zweimal täglich platt walzt. All das ist mein Gewissen nicht. Mein Gewissen ist so wie mein Verhältnis zu Jesus. Ich habe ein freundschaftliches Verhältnis zu ihm, das ich am besten mit dem Lied „Welch ein Freund ist unser Jesus" beschreiben kann. Freunde lässt man dicht an sich heran. Sie wissen mehr von mir als andere Menschen, kennen meine Sonnen- und meine Schattenseiten. Einem Freund gegenüber öffne ich mich, weil ich weiß, er verletzt mich nicht. Und dennoch gibt es in Freundschaften manchmal Sand im Getriebe. Auch in meinem Leben gab es in der Beziehung zu Jesus viel Sand im Getriebe. Und manchmal sagt man einem Freund: Sei still und nerve mich nicht! Dann geht man auf Distanz – auch zu Jesus. Aber wenn es eine richtige Freundschaft ist, bleibt man trotzdem verbunden und gibt einander nicht auf.

An diesem Morgen nun sagte Jesus zu mir: Dann lass uns mal schauen, was in deinem Verhältnis zu dir selbst nicht in Ordnung ist. Du hast ja in deinem Leben eine ganze Reihe von Schiffen vor die Klippen gefahren, manchmal selbst verschuldet, manchmal konntest du es auch gar nicht beeinflussen, weil deine Lebensschiffe vor die Klippen gespült wurden und dort zerschellt sind. Gott sei Dank hast du aus den Trümmern immer wieder etwas Neues gebaut …

Ich wusste genau, welche Lebensschiffe Jesus meinte. Eines heißt „Lebenstraum" – der hat sich nicht realisiert und ist zu

Bruch gegangen. Da kann ich heute sagen: Erstens kommt es anders und zweitens besser, als man denkt. Ich bin mit dem zu Bruch gegangenen Lebenstraum und damit, wie mein Leben dann verlaufen ist, sehr versöhnt und zufrieden.

Ein anderes Schiff heißt „Beziehung". Hierbei denke ich nicht nur an eine Partner- oder Ehebeziehung. Ich denke auch an Beziehungen zu Freunden, Arbeitskollegen, Menschen in der Gemeinde, die zu Bruch gegangen sind und bei denen man nie einen Weg gefunden hat, wieder zusammenzukommen. Das ist traurig und enttäuschend. Manchmal lag es auch einfach daran, dass sich die Lebenswege auseinanderbewegt haben, man andere Dinge verfolgt hat. Und dann fehlte das Gemeinsame, das, worüber sich sprechen und austauschen ließe.

Ein weiteres Schiff heißt „Hoffnung". Wie viele Menschen hat es in meinem Leben gegeben, die in sich den Schatten des Todes trugen und bei denen ich mir sehnsüchtig gewünscht habe, dass sie gesund und geheilt würden; sie zumindest mit ihrer Krankheit so zurechtkämen, dass ich sie noch ein paar Jahre in meiner Nähe oder in der Gemeinschaft erleben könnte. Und dann ist diese Hoffnung doch zu Bruch gegangen. Ich musste erfahren: Wichtig ist, dass man dann nicht in den Trümmern der zerbrochenen Hoffnung herumschwimmt, sondern weiß, dass die Menschen, die man verloren hat, das andere Ufer erreicht haben, die Ewigkeit Gottes.

Und nun?, fragte ich Jesus.

Mach dir nichts vor, Hartmut, es liegen noch Trümmerreste in dir vergraben. Nimm eine Lampe und leuchte dich von innen aus. Da findest du Restbestände deiner Lebenstrümmer auf deinem Herzen, weil es viele Dinge gab, die dir zu Herzen gegangen sind und dich bedrückt haben. Wenn du daran denkst, bedrücken sie dich noch heute. Andere sind in deinen Nieren, so sehr ist dir da etwas an die Nieren gegangen. Andere liegen auf deiner Seele, da können deiner Seele keine Flügel wachsen. Jetzt sammeln wir zusammen diese Trümmer ein, und ich helfe dir, sie wegzutragen.

Und wohin?, fragte ich Jesus.

Zu meinem Kreuz. Dort legst du sie ab in einem Akt der Ent-Sorgung. Aber, fuhr Jesus fort, ich kenne dich. Du lässt sie dort nicht liegen. Ein paar Trümmerteile nimmst du immer wieder mit …

Ich fühlte mich ertappt. In der Seelsorge ist mir dies selbst oft begegnet: Menschen wissen zwar, wo sie ihre Sorgen und Trümmer ablegen können, aber dann nehmen sie doch wieder etwas davon zurück – vielleicht, weil das Leid zu ihrem Lebensinhalt geworden ist. Aber wessen Leben mit Selbstmitleid ausgefüllt ist, der ist nicht frei, der findet keinen Frieden. Das Selbstmitleid blockiert das Neue. Erst das vom Leid befreite, mit Christus verbundene Leben schenkt wahren *Frieden in mir*.

Am nächsten Morgen ging ich wieder zur Glocke und las den zweiten Satz der Friedensbotschaften: *Frieden mit dir*. Zuerst fielen mir nur allgemeine Dinge ein wie Hass und Neid. Aber ich wollte ja darüber nachdenken, was *Frieden mit dir* in meinem Leben bedeutet. Und da stieß ich auf meine Schwäche, denn es fällt mir schwer, Frieden zu schließen. Warum ist das so? Weil es bedeutet, auf einen Menschen zuzugehen, ihm die Hand zu reichen und zu sagen: „Da ist etwas zwischen uns nicht in Ordnung und das habe ich verschuldet. Ich bekenne mich dazu und bitte dich um Vergebung. Meinst du, uns kann ein Neuanfang geschenkt werden?“ So etwas kommt mir nicht leicht über die Lippen.

Da meldete sich wieder mein Gewissen und Jesus sagte zu mir: Das solltest du aber tun. Du kannst es auch von mir lernen und dir bei mir abschauen, wie ich es gemacht habe. Aber eins sage ich dir gleich: Mein Friede ist kein Friede, wie die Welt ihn gibt. Dafür ist mein Friede eine gute Basis dafür, dass du Frieden schließen kannst. *„Frieden lasse ich euch, meinen Frieden gebe ich euch. Nicht gebe ich euch, wie die Welt gibt. Euer Herz erschrecke nicht und fürchte sich nicht"* (Johannes 14,27).

Am dritten Morgen ging ich wieder zur Glocke und grübelte lange über den letzten Satz der Friedensbotschaften: *Frieden zwischen allen Völkern und Religionen.* Mir schwirrten lauter Schlagworte durch den Kopf – über die Konflikte zwischen Palästinensern und Juden, Amerikanern und Russen oder Amerikanern und Chinesen, jeden Tag sind die Nachrichten voll mit dem Unfrieden zwischen den Völkern –, und ich fragte mich, wie da Friede werden soll. Was mir einfiel, waren Binsenweisheiten, die in ihrer Allgemeingültigkeit immer richtig sind, aber nicht helfen. *Frieden zwischen allen Völkern und Religionen?* Ich hatte keine Idee.

Plötzlich traf ich auf meinem Weg einen Mann im orangefarbenen Overall der Stadtreinigung, der neben den Parkbänken die Müllbehälter entleerte. Es war ein farbiger Mann, tiefschwarz, und er strahlte mich mit leuchtenden Augen an. Das Strahlen seines Gesichtes wurde durch seine weißen Zähne noch unterstrichen. Er hatte eine Strahlkraft, als müsse er an diesem Morgen die fehlende Sonne ersetzen. Ich blieb stehen, wir begrüßten uns, und ich sagte: „Ich habe da mal eine Frage. Fällt Ihnen zu dem Thema *Frieden zwischen allen Völkern und Religionen* etwas ein?"

Da entgegnete der Mann: „Ja – reden. Das, was du jetzt machst. Ein weißer Mann unterhält sich mit einem schwarzen

Mann. Ich arbeite hier im Auftrag der Stadtreinigung, du gehst spazieren, wir treffen uns und reden miteinander. Und wenn wir miteinander reden, wachsen daraus Achtung und Wertschätzung. Dann hat zwischen uns Rassismus oder Antisemitismus keine Chance."

Ja, dachte ich, da hat er recht. Doch dann legte sich seine Stirn in Falten.

„Frieden zwischen den Völkern beginnt, wenn die Völker das machen, was ich mache."

„Und was machst du?", fragte ich ihn.

„Das siehst du doch: Ich räume den Müll weg. Wir müssen die Müllberge zwischen den Völkern abbauen, den Müll der Geschichte aus Krieg und Verfolgung, aus Missachtung und geringer Wertschätzung gegenüber anderen Ethnien und religiösen Kulturen, wir müssen diesen Müll abtragen. Aber stattdessen kommt immer neuer Müll dazu. Durch Sanktionen und wirtschaftliche Drohgebärden mag man kurzfristige Erfolge erzielen, aber ein langfristiger Frieden wächst dort nicht." Was der Mann von der Stadtreinigung da sagte, gab mir zu denken. Ich drückte ihm die Hand und dankte ihm.

Nun war ich also drei Morgen lang dem Frieden auf der Spur gewesen – und was war passiert? Entweder hatte sich Jesus in meinem Gewissen gemeldet, oder er war mir in einem Menschen begegnet, der mir über den Weg lief. Wenn das keine Friedensbotschaft ist!

Zurücktreten

Du kannst immer zu mir kommen. Ich habe immer für dich Zeit." Wer von uns hat mit diesen ermutigenden Zusagen nicht seine Erfahrungen gesammelt: Als Kinder haben wir diese Botschaft von unseren Eltern gehört; als wir geheiratet haben oder ausgezogen sind, war dies das gute Wort für den Weg. Wir konnten in dem Bewusstsein gehen, dass zu Hause immer eine offene Tür, ein offenes Ohr für uns ist. Da kann ich mich hinwenden, wenn es in meinem Leben eng wird.

„Du kannst immer zu mir kommen. Ich habe immer für dich Zeit." Das sind auch Versprechen, die wir selbst anderen Menschen gegeben haben: unseren Kindern, dem Ehepartner, Freunden, Mitchristen in der Gemeinde. Was uns diese Versprechen im Leben wert sind, zeigt sich daran, ob wir sie halten können. Ob wir wirklich Zeit haben und offen sind für die Sorgen, Nöte und Freuden anderer.

Aber was, wenn das Leben von Menschen eingeschränkt ist, sie zum Pflegefall werden? Wie sieht es dann mit unserer Kraft aus? Wo sind die Grenzen? Keiner von uns ist unendlich belastbar. Wer schon einmal einen anderen in einer Krise begleitet hat, weiß, dass man dafür einen langen Atem braucht. Wenn jemand einen lieben Menschen verloren hat, hilft es ihm vielleicht, sein Leid wieder und wieder auszusprechen – ihm dafür aber immer ein offenes Ohr zu schenken und so das Leid mit ihm zu teilen, kostet Geduld.

„Du kannst immer zu mir kommen. Ich habe immer für dich Zeit." Diese Botschaft tut gut, weil sie mir sagt: Ich bin willkommen und geliebt; dem anderen ist es nicht gleichgültig, wie es mir geht. Ich kann die Schwere meines Weges teilen, und wenn es manchmal nur ein Mit-Teilen ist. Doch welcher Mensch kann eine solche Zusage wirklich halten? Und hat nicht jeder selbst schon erlebt, wie es ist, sich in einem Moment der Not – oder auch der Freude – allein zu fühlen, statt ihn teilen zu können? Ein Moment, in dem wir uns jemanden gewünscht hätten, der einfach da gewesen, der Zeit für uns gehabt hätte.

Ich besuche gelegentlich eine Autobahnkirche. Die Kirche ist immer geöffnet – rund um die Uhr. Sie befindet sich auf einem Autohof, einem Rastplatz. Tausende von Menschen kommen täglich hier vorbei, um ihre Autos zu betanken. Und es ist erstaunlich, für wie viele Menschen diese Tankstelle mit dem Rastplatz auch zu einem Rastplatz für die Seele wird, weil es dort die Autobahnkirche gibt.

Sie suchen diese Kirche auf, weil sie Ruhe brauchen und Fragen für sich und ihr Leben klären müssen. Oder einfach aus Dankbarkeit, weil sie auf ihrer Reise bis hierhin Bewahrung erfahren haben. Oder weil sie Gott um seinen Segen bitten wollen: für den bevorstehenden Arztbesuch, für ihre Partnerschaft, die in Schieflage geraten ist, für ihre Kinder, mit denen es manchmal nicht so läuft, wie es soll. Aber auch Heiratsanträge werden hier gemacht.

Viele der Besucher, die in die Autobahnkirche kommen, lassen ihre Wünsche und Bitten in einem Anliegenbuch zurück. Das Leben der Menschen spricht Bände – im wahrsten Sinne des Wortes, denn es gibt schon viele Bände dieses Anliegenbuches.

Oft kommen auch Leute, die das Anliegen anderer zu ihrem eigenen machen: Sie beten für Menschen, die sie nicht kennen, von deren Sorgen oder Nöten sie nur aus einem Eintrag in das Anliegenbuch wissen.

„*Kommt her zu mir, alle, die ihr mühselig und beladen seid; ich will euch erquicken*" (Matthäus 11,28), verspricht Jesus uns. Die Menschen suchen die Autobahnkirche auf, weil sie diese Botschaft hier spüren: Du kannst immer zu mir kommen. Ich habe immer Zeit für dich. Aber bei Jesus bleibt es nicht bei der ermutigenden Zusage. Jesus sagt nicht nur: „Kommt her und redet mit mir, und dann ist alles gut", sondern er sagt: „*Nehmt auf euch mein Joch*" (Matthäus 11,29). Wir können uns mit allem, mit unseren Lasten und Freuden, an ihn hängen. Er lässt sich im wahrsten Sinne des Wortes in unser Leben einspannen: „*Nehmt auf euch mein Joch.*" Im Doppelgespann mit Jesus Christus werden die Lasten nicht weniger, sind aber leichter zu tragen. Er sorgt für Entlastung.

Ich kenne jedoch auch Menschen, die zwar von allen Seiten gehört haben: „Du kannst immer zu mir kommen", aber den Weg zum anderen, den haben sie nicht gefunden. Sie sind in ihrer Not sitzen geblieben. Und trotz aller Hilfs- und Rettungsbemühen wehrten sie ab, wonach sie sich eigentlich sehnten.

Auch ein Ertrinkender wünscht sich nichts sehnlicher, als gerettet zu werden. Doch er macht es den Helfern schwer, weil er vor Angst um sich schlägt. So ist es vielfach auch in der Beziehung von Menschen zu Jesus Christus. Wonach sie sich sehnen, das wehren sie ab. Aber Jesus gibt nicht auf. Er ruft uns immer wieder zu: „*Kommt her zu mir.*" Und er sagt: „*... lernt von mir; denn ich bin sanftmütig und von Herzen demütig*" (Matthäus 11,29). Sanftmütig sein bedeutet im

Hebräischen „ganz von Gott abhängig sein". Im Mittelpunkt des Lebens steht nicht mehr mein „Ich", sondern da stehen jetzt Gott und Jesus Christus. Ich trete in den Hintergrund.

Doch wenn uns Menschen etwas schwerfällt, dann ist es genau das: in den Hintergrund zu treten; nicht mehr um uns selbst zu kreisen. Der Heilandsruf *„Kommt her zu mir"* ist die Einladung Jesu, Ruhe für unsere Seele zu finden. Und diese Seelenruhe begleitet uns auch über einen Rastplatz wie die Autobahnkirche hinaus – wenn wir Jesus unser Herz geöffnet haben.

Einmal hörte ich, wie sich dort zwei Frauen verabschiedeten. Die eine sagte: „Jetzt muss ich wieder zurück in meine Wohnung und dann sitze ich da allein." Die andere erwiderte: „Da habe ich es besser. In meiner Wohnung spüre ich, dass Jesus bei mir ist. Ich bin nie allein." Diese Frau hat Jesus in ihr Herz genommen. Er ist der Mittelpunkt in ihrem Leben. Sie kann immer zu ihm kommen, er hat immer für sie Zeit. Bis in alle Ewigkeit.

Den Ton treffen

In Deutschland leben etwa 6 Millionen Menschen ab 65 Jahren allein – das bedeutet, jede dritte Person in dieser Altersgruppe. Manche sind krank, vielleicht unheilbar. Sie verzweifeln, weil sie sich fragen: Was wird aus mir? Andere sind verzagt, weil sie sich in ihrer Existenz bedroht fühlen oder keinen Kontakt mehr zu ihrer Familie haben. Sie sind einsam, und Einsamkeit ist, wie in einem tiefen Loch zu sitzen. Vielleicht kommt ab und zu jemand vorbei, sieht sie in ihrem Loch und sagt: „Oh, das tut mir leid." Aber solche Worte helfen ja nicht. Wenn man in einem Loch sitzt und verzweifelt ist, dann wünscht man sich vielmehr, dass jemand kommt, eine Leiter bringt und sagt: „Steig rauf, ich helfe dir!" Oder einem ein Seil zuwirft und ruft: „Hier, fang – ich ziehe dich raus!"

Nichts anderes will auch der Prophet Jesaja, als er seinen Volksleuten sagt: *„Seid getrost, fürchtet euch nicht!"* (Jesaja 35,4). Aber glauben ihm die Menschen? Nein. Sie sitzen seit Jahren in einem Loch, fern ihrer Heimat, in Gefangenschaft, und dann kommt jemand und sagt ihnen: „Fürchtet euch nicht, es wird besser!" Warum sollen sie ihm glauben?

In der Verzweiflung steckt das Wort „Zweifel" – und dieser ist bei den Menschen so groß, dass er alles andere überschattet.

Da sagt sich Jesaja: Wenn sie mir nicht glauben, was ich ihnen für ihre Zukunft sage, dann hole ich die Menschen da ab, wo sie stehen: bei ihren Gotteserfahrungen. Und so lesen wir weiter bei Jesaja (35,4): *„Seht, da ist euer Gott!"* Jesaja erwartet nicht von den Menschen, dass sie mit ihm in die Zukunft blicken, sondern auf Gott, wie sie ihn erfahren haben: Er hat sie aus Ägypten befreit, aus der Gefangenschaft geführt. Er hat das Meer geteilt, damit ihre Verfolger, die ihnen nach dem Leben trachteten, sie nicht einholen konnten. Er hat sie durch die Wüste geführt. Und als sie alle von Sinnen waren und ein goldenes Kalb anbeteten, hat Gott ihnen die Zehn Gebote gegeben, um ihnen zu zeigen, wie sie ein gelingendes Leben führen können. Gott hat sie sicher mit Mose ins Gelobte Land geführt.

Jesaja sagt den Menschen: Wenn das eure Gotteserfahrungen sind, warum zweifelt ihr dann an ihm? *„Seht, da ist euer Gott!"* – Jesaja möchte ihre Perspektive ändern, ihren Blick wieder auf Gott richten. Denn diese Perspektive schenkt Hoffnung: *„Dann werden die Augen der Blinden aufgetan und die Ohren der Tauben geöffnet werden. Dann wird der Lahme springen wie ein Hirsch, und die Zunge des Stummen wird frohlocken. Denn es werden Wasser in der Wüste hervorbrechen und Ströme im dürren Lande"* (Jesaja 35,5-6).

Jesaja gibt den Menschen zu verstehen: Gott kann Dinge möglich machen, die du für unmöglich hältst. Gott schaut sich uns nicht nur in unseren Löchern an, in der Ausweglosigkeit unseres Lebens. Nein, er kommt hinunter in unser Loch, die Tiefe unseres Lebens. Wort und Tat gehören bei Gott zusammen.

Das gilt für das Alte Testament, für die Erfahrungen des Gottesvolkes, zu dem Jesaja sprach, und es gehört zu den Erfahrungen der Menschen des Neuen Testaments. Da ist die Karwoche, in der es Leiden, Verzagtheit und Niedergeschlagenheit gibt – und zwischen Palmsonntag und Karfreitag die zentrale Botschaft, Jesus Christus, der sich am Gründonnerstag mit seinen Jüngern zusammensetzt und ihnen sagt: *„Nimm hin und iss, das ist mein Leib, für dich gegeben"*, und nach dem Abendmahl den Kelch nimmt und trinkt: *„Das ist mein Blut, das für euch vergossen wird zur Vergebung eurer Schuld."* Dann Karfreitag, als Jesus Christus gekreuzigt wird und fleht: *„Mein Vater, ist's nicht möglich, dass dieser Kelch vorübergehe …"* Und es wäre eine traurige Geschichte, wenn dieser Karfreitag das Ende der Geschichte wäre. Doch es kommt der Samstag. Früher nannte man ihn den „Tag der Grabesruhe". Für die Jünger war es der Tag ihrer tiefsten Enttäuschung, denn sie hatten alle ihre Hoffnungen auf Jesus Christus gesetzt. Und nun war er tot. Aber dann öffnet sich das Grab – die Auferstehung! Nicht der Tod hat das letzte Wort, sondern das Leben.

Ist es nicht das, was wir uns alle wünschen? Und erst recht die, die verzweifelt sind? Denn das tiefste Loch der Ausweglosigkeit und der Ratlosigkeit ist der Tod. Aber Gott ist sich nicht zu schade, durch seinen Sohn Jesus Christus auch in die tiefste Tiefe unseres Lebens zu kommen und uns aus diesem Loch herauszuholen und die Tür zur Ewigkeit zu öffnen. Sterben müssen wir alle – aber das ist auch das Einzige, was der Tod von uns haben kann. Jesus Christus sagt uns: Am Ende steht das Leben. Und die Ewigkeit ist keine zukünftige Größe, die Ewigkeit beginnt für Christen schon heute und jetzt.

Sagt den Verzweifelten: *„Seid getrost, fürchtet euch nicht!"* Das ist nicht nur eine Botschaft für Krisenzeiten, das ist eine Botschaft, die immer gilt. Der Evangelist Matthäus zitiert wieder und wieder den Propheten Jesaja – weil er sieht, dass alles, was er bei ihm lesen konnte, in Jesus Christus Wirklichkeit geworden ist. Was sagt uns das? Gott hält Wort, Gott steht zu seinen Zusagen.

Der Prophet Jesaja wurde von Gott berufen, die Menschen zu trösten: *„Er hat mich gesandt, den Elenden gute Botschaft zu bringen, die zerbrochenen Herzens sind, die zerbrochenen Herzen zu verbinden, zu verkündigen den Gefangenen die Freiheit, den Gebundenen, dass sie frei und ledig sein sollen; zu verkündigen ein gnädiges Jahr des Herrn und einen Tag der Vergeltung unsres Gottes, zu trösten alle Trauernden, zu schaffen den Trauernden zu Zion, dass ihnen Schmuck statt Asche, Freudenöl statt Trauerkleidung, Lobgesang statt eines betrübten Geistes gegeben werden*" (Jesaja 61,1-3).

Diesen Auftrag, die Menschen zu trösten, können auch wir uns zu eigen machen: den Armen die gute Botschaft bringen; den Verzweifelten neuen Mut machen; und denen, die gefangen sind in Not, Krankheit und Verzagtheit, in Schulden, Sünde, in der Ausweglosigkeit ihres Lebens, sagen: „Gott ist gnädig. Ihr seid frei!"

Ich höre sie schon reden, die Kritiker: „Wer's glaubt, wird selig." Ja, genau – da haben sie den Nagel auf den Kopf getroffen! Wer's glaubt, wird selig. Denn auf den Ton kommt es an, wenn wir den Menschen etwas Helfendes und Tröstendes sagen wollen – nicht von uns, sondern von unserem Gott, der über uns ist und mit uns geht.

Die Wahl annehmen

Einmal saß ich in einem Karfreitagsgottesdienst still versunken in mein Gebet.

Da sprach mich ein Junge an: „Sag mal, Hartmut, wenn du da so sitzt – was betest du dann?“

„Ach“, antwortete ich, „eigentlich nur einen Satz: Gott, ich danke dir, dass du in Jesus Christus hinter meinem Leben dein Kreuz gemacht hast. Denn das bedeutet ja nichts anderes, als dass ich gewählt bin.“

„Wieso gewählt?“, fragte der Junge.

„Das ist so ähnlich, wie wenn die Leute zu einer Bundestags- oder Landtagswahl gehen: Bei diesen Gelegenheiten machen sie hinter den Namen ihres Wunschkandidaten ein Kreuz. Und auch Gott wählt. Hinter das Leben jedes einzelnen Menschen hat er sein Kreuz gesetzt, mit dem er uns zusagt: Du bist gemeint.“

„Aber wenn bei Gott jeder ein Kreuz bekommt, dann ist es doch auch egal, dann ist es ja nichts Besonderes …“, entgegnete der Junge.

„Ja, das Besondere ist auch nicht, dass du erwählt bist. Sondern das Entscheidende ist, wie bei allen Wahlen, ob bei politischen oder im Klub oder Verein, dass der Kandidat seine Wahl annimmt.“

„Warum soll der Kandidat sie denn nicht annehmen?“, wunderte sich der Junge.

„Gute Frage“, gab ich zurück. „Im Verein oder in der Politik ist klar, was mit einer Wahl verbunden ist und was es bedeutet, sie anzunehmen. Aber was heißt es, Gottes Wahl anzunehmen?“

„An ihn zu glauben?“, fragte der Junge.

„Ja, so steht es in der Bibel: ‚*Der Gott der Hoffnung aber erfülle euch mit aller Freude und Frieden im Glauben*‘“ (Römer 15,13).

„Aber wie geht das, diesen Glauben annehmen? Meine Eltern sagen: ‚Du musst deinen Weg mit Jesus gehen.‘ Ehrlich gesagt, weiß ich nicht, was sie damit meinen …“

Ich zog eine Kreditkarte aus meiner Brieftasche und zeigte sie dem Jungen: „Den Glauben an Gott und damit seine Wahl annehmen, das ist, als würde ich zu dir sagen: Pass auf, diese Kreditkarte gebe ich dir, damit kannst du alles bezahlen. Von dieser Karte kannst du leben. Und wenn du sie nimmst und einsteckst, hast du die Wahl angenommen.“

„Und wie muss ich mir das mit Gott vorstellen – was steht auf seiner Kreditkarte?“

„Auf der Karte steht ‚Perspektive Neuanfang‘. Du kannst sie überall einsetzen, für alles, was du dir erhoffst und für dein Leben vornimmst, aber auch für alles, was du falsch gemacht hast und bereust, wo du am liebsten noch mal von vorne beginnen möchtest … Das kannst du mit dieser Karte. Denn solange du sie hast, bleibst du mit Gott verbunden.“

„Eine tolle Karte!“

„Ja, das finde ich auch. Und deshalb bin ich so froh, dass Gott mich gewählt hat und dass ich diese Karte annehmen darf. So wie du auch. Wollen wir ihm zusammen dafür danken?“

Der Junge nickte und dann beteten wir:

„Jesus, ich danke dir für dein Leben,
für deine Liebe,
ich danke dir für deinen Tod am Kreuz,
wie du zwischen Himmel und Erde
alles verbindest
und mich mit Gott
und mir meine Schuld vergibst.
Ich danke dir für deine Auferstehung
und für das neue Leben,
mit dem du mich beschenkst.
Ich vertraue dir mein Leben an
und suche deine Ideen für mein Leben.
Wir gehören jetzt zusammen.
Amen."

Händel singen

Ich habe ja schon manches Osterfest erlebt, aber eines hat sich mir besonders eingeprägt: ein Osterfest, das ich mit 900 Leuten verlebt habe – die Weltratstagung des CVJM. Der Christliche Verein Junger Menschen (CVJM) ist meine geistliche Heimat; die Menschen dort haben mir auf den Sprung, hin zum Glauben geholfen.

Mit diesem besonderen Festtag während der CVJM-Weltratstagung verbinde ich auch ein Lied. Wenn man die Melodie dieses Liedes hört, denkt man zuerst: Das ist ja „Tochter Zion", das gehört doch in die Weihnachtszeit! Und richtig, es ist auch die Melodie von „Tochter Zion" – aber zunächst einmal ist es eine Melodie aus Georg Friedrich Händels Oratorium „Judas Maccabaeus". Ein Franzose schrieb dazu einen Ostertext, eine Schweizer Grundschullehrerin übertrug diesen ins Englische, Deutsche und Italienische. Und während der Weltratstagung, bei der Delegationen aus fast 98 Nationen zusammenkamen, haben wir dieses Lied gesungen: „Held, der dem Grabe sieggekrönt entstieg, dein ist Macht und Ehre, ewig dein der Sieg."

Das war ein so eindrückliches Erlebnis, dass es bis heute fortwirkt: in seiner Bestärkung und Ermutigung, diesen Helden, der aus dem Grab gestiegen ist und für uns zum Sieg geworden ist, zu verkündigen und über ihn zu predigen. Diese Gewissheit schließt ja nicht aus anzuerkennen, dass es auch

Zweifel geben darf – wie bei Thomas, einem der Jünger von Jesus.

Und war es bei mir, in meinem eigenen Leben, nicht ähnlich? Wie klein war zunächst mein Glaube – und wie groß waren meine Fragen und Zweifel. Und wenn ich den Mitarbeitern meines einstigen Jugendkreises für etwas dankbar bin, dann dafür, dass sie mich genauso ausgehalten haben: als Fragenden und Zweifelnden. Nach und nach ist mein Glaube gewachsen. Aber die Antworten auf meine Fragen und Zweifel allein haben das nicht bewirkt. Denn dann wäre es ja einfach. Dann müssten wir immer nur die richtigen Antworten auf die richtigen Fragen finden und alle Menschen könnten und würden glauben. Das funktioniert aber nicht. Jesus selbst sagte seinen Jüngern: *„Selig sind, die nicht sehen und doch glauben!“* (Johannes 20,29).

Nicht sehen und doch glauben. Dass dies ein Grund zur Freude sein soll, ist manchmal schwer vorstellbar, vor allem, wenn man meint, man hätte doch das Richtige bereits erkannt.

Bei der Weltratstagung, wo mein Lied seine Heimat hat, leitete ich eine Arbeitsgruppe, die sich mit dem Frieden beschäftigte. In dieser Gruppe gab es einen Israeli aus Tel Aviv, der beim Militär war, und einen Palästinenser, der ebenfalls beim Militär war. Es war klar: Wenn es in den Lebensgeschichten der beiden schiefläuft, kann es sein, dass sie sich eines Tages mit einem Gewehr bewaffnet gegenüberstehen – obwohl sie auf der Weltratstagung noch friedlich in einer Gruppe zusammensaßen. Wir hatten in unserer Gruppe auch einige Amerikaner aus Milwaukee und Russen aus Sankt Petersburg. Es war die Zeit des Kalten Krieges, des Wettrüstens. Die Spannungen, zu denen das in unserer Arbeitsgruppe führte, waren für mich fast unerträglich.

Da wurde mir bewusst, was das Wort von Jesus Christus wirklich bedeutet: „*… meinen Frieden gebe ich euch. Nicht gebe ich euch, wie die Welt gibt*" (Johannes 14,27). Meinen Frieden gebe ich euch. Das heißt, der Frieden, der von Jesus Christus ausgeht, ist anders als der, den Menschen und politische Systeme zu schaffen vermögen.

Das Ergebnis unserer Diskussionen, wie es Frieden geben kann, war: Die Lösung der Spannungen, die wir ja direkt auch in der Arbeitsgruppe gespürt haben, liegt nicht bei uns. Die Lösung liegt bei Jesus. Sieg, Macht und Ehre gebühren nicht einem politischen System, das sich gegen ein anderes durchsetzt, sondern Jesus, dem Friedensfürsten. *„Friede sei mit euch"*, ruft Jesus nach seiner Auferstehung den Jüngern zu.

Dreimal ist dies seine Botschaft nach diesem – für menschliches Ermessen – so unglaublichen Geschehen. Und *„selig sind, die nicht sehen und doch glauben!"*, sagt Jesus zu Thomas, der seine Auferstehung nicht glauben kann. Wir müssen nicht alles sehen und für alles eine Antwort haben, denn die Lösungen, die Menschen finden können, sind begrenzt. Und manchmal kann sich die vermeintlich richtige Seite auch als die falsche erweisen. Aber wir dürfen glauben, dass es bei Jesus Christus eine Antwort gibt. Eine Antwort, die bis in die Ewigkeit gilt. Bei allem, was uns voneinander trennt, können wir über das Gebet, das Gespräch mit Jesus Christus, doch zusammenfinden. Für diesen Glauben an Jesus Christus lohnt es sich zu kämpfen, sich einzusetzen.

Die Osterbotschaft von der Auferstehung Jesu ist eine Rettungsbotschaft, eine Gnadenbotschaft – aber für mich ist es im Wesen eine Zukunftsbotschaft. Weil sie menschliche Hybris mit Gottesmacht beantwortet und den Menschen zuruft: Friede sei mit euch.

Auf in die Ewigkeit

Manche älteren Menschen sagen: „Wenn ich gestorben bin, werde ich bei Jesus sein." Da sage ich immer: „Wieso werden wir erst dann bei Jesus sein? Bist du denn jetzt, im Leben, nicht bei Jesus? Oder ist er aus deinem abwesend? Du sagst doch, du gehst mit Jesus und du hast ihn an deiner Seite."

Das ewige Leben ist keine zukünftige Wirklichkeit, keine zukünftige Größe, sondern das ewige Leben beginnt im Hier und Heute und Jetzt.

Jemand aus meinem Hauskreis hat dies auf den Punkt gebracht: „Das Einzige, was der Tod von mir haben kann, ist, dass ich sterben muss. Mehr aber nicht. Und deswegen wird mir der Tod auch die wenigen Jahre, in denen ich krank bin, nicht vermiesen. Ich werde jeden Tag wie ein Geschenk annehmen und ich werde jede Woche und jedes Fest und jedes Zusammensein mit meinen Angehörigen genießen. Sterben muss ich sowieso." Aber das kann man nur sagen, wenn man weiß, dass es nach der Begrenztheit des Lebens weitergeht.

Jesus sagte seinen Jüngern: *„Ich bin der Weg und die Wahrheit und das Leben"* (Johannes 14,6). Damit gab er ihnen eine Art Orientierungskarte, ein inneres Navigationssystem. Wo führt der Weg entlang? Jesus ist der Weg. Er ist die Wahrheit. Und er ist das Leben. Aber was ist mit diesem Leben gemeint, von dem Jesus hier spricht? Wann beginnt es und wo endet es?

Es fängt an, wenn ich eine Beziehung zu Jesus Christus habe. Wenn ich seinem Wort glaube und aus diesem Glauben heraus vertraue. Dann fange ich an, mit Jesus zu leben. Ich muss mir keine Sorgen um das Ende meines Lebens machen, denn es wird nur durch den Tod unterbrochen. Es gibt eine Fortsetzung in der Ewigkeit. Und diese Ewigkeit beginnt an dem Tag, an dem ich Ja zu Jesus Christus sage: Ja, er soll der gute Hirte meines Lebens sein. Hier und heute und jetzt.

Eine Handvoll Hoffnung schenken

Als Christen bestärken wir uns gern selbst – eine Gemeinde kann ein richtiger Kuschelverein sein. Im Gottesdienst sitzen, singen und beten mit Gleichgesinnten, das ist ja auch eine schöne Sache. Aber die christliche Botschaft nach draußen tragen, dorthin, wo gehobelt wird und Späne fallen, wo gehauen und gestochen wird und wir die Ferne zu Christus erleben – das ist weitaus schwieriger.

Wie groß ist die Herausforderung für Schülerinnen und Schüler, am Montag auf dem Schulhof zu bekennen, dass sie am Sonntag einen Gottesdienst besucht haben. Und in der Firma kommt es auch besser an, wenn man sagt: „Wir haben eine wilde Party gefeiert!", als zu erklären: „Ich war am Sonntagmorgen in einem Gottesdienst. Was ich da gehört habe, ging mir noch am Nachmittag durch den Kopf." Da wird man schnell belächelt.

Eigentlich geben Menschen doch gern Empfehlungen: wo es schön ist, wo man auftanken, auf andere Gedanken kommen kann … Warum also nicht einen Gottesdienst empfehlen? Die Stärkung, die ein Gottesdienst bedeuten kann, weitergeben?

Die beste Empfehlung ist natürlich, wenn andere den belebenden Geist selbst spüren: weil ich Hoffnung in mir trage, fröhlich bin. Das ist in dieser Welt etwas Besonderes. Denn all die Hoffnungslosigkeit, die schlechten Nachrichten und bedrohlichen Prognosen, die jeden Tag auf uns einstürmen, sind wie ein schleichendes Gift, das krank macht. Wer die Tagesschau einschaltet, ist einer Flut von Bildern und Zahlen der Hoffnungslosigkeit ausgeliefert. Wenn einem dann aber eine fröhliche Christin oder ein fröhlicher Christ aufrechten Ganges begegnet, die etwas völlig anderes ausstrahlen als all die Nachrichtenkanäle und Fernsehsender, nämlich: Ich trage in mir eine Hoffnung, eine Sicherheit und eine Gewissheit – dann fällt das auf. Weil es das ist, was wir alle suchen.

Hoffnungsvoll und fröhlich zu sein heißt nicht, sich über die Realität hinwegzutäuschen. Die Schattenseiten des Lebens bleiben. Aber wir können uns mitteilen, wir können beten, Gott auch anklagen. „*Seid fröhlich in Hoffnung, geduldig in Trübsal, beharrlich im Gebet*" (Römer 12,12).

Wichtig ist, dass wir uns immer dieser Handvoll Hoffnung bewusst sind: Wir haben mit Gott einen Hoffnungsgrund, mit Jesus Christus ein Hoffnungszeichen, mit der biblischen Botschaft eine Hoffnungsbotschaft, mit unseren Gemeinden Hoffnungsorte – und wir haben uns selbst, die wir Hoffnungsträger sein können.

Also: Bei der nächsten Party oder Einladung zum Kaffeetrinken einfach mal fröhlichen Herzens eine Handvoll Hoffnung schenken.

Spielen wie Kinder

Als ich 70 wurde, ging es mir wie wahrscheinlich vielen: Man wird morgens 70, und abends merkt man es schon. Und damit stellte sich die Frage: Was mache ich jetzt?

Vielleicht dem Alter ein Schnippchen schlagen und es einfach spielerisch nehmen?

Also habe ich mir von meinen Freunden ein kleines ferngesteuertes Auto gewünscht.

Alle haben die Augen verdreht: „Wirst du jemals erwachsen?"

„Ich glaube nicht, und ich hoffe es auch nicht!"

Daraufhin bekam ich von ihnen einen richtigen Kracher mit Verbrennungsmotor – und jetzt habe ich einen Riesenspaß, wenn ich ihn durch den Garten rasen lasse. Warum mir das so viel Freude bereitet? Weil es ein Kindertraum von mir ist. Wieso soll ich nicht einfach nachholen, wovon ich als Kind geträumt habe?

Wir sagen ja manchmal, wir hätten in unserem Leben etwas verpasst. Dazu sage ich: Und was hindert dich daran, es heute zu tun?

Ich will das Alter spielerisch nehmen und Dinge machen, an denen ich Freude habe. So habe ich mich hingesetzt und ein Theaterstück geschrieben. Die Leute wunderten sich: „Du bist doch Pastor, willst du jetzt Theater spielen und nicht mehr predigen?"

Aber ich antwortete ihnen: „Das eine schließt ja das andere nicht aus!“

Und als ich das Stück fertig geschrieben hatte, dachte ich: Eigentlich könnte ich es auch selbst spielen. Also mache ich das jetzt. Das Stück heißt „(K)ein letztes Vaterunser“. Und womit beschäftigt es sich? Mit dem Alter! Es geht darum, wie man im Angesicht dessen, dass das Leben begrenzt ist und ein Ende findet, sein Leben noch einmal aufräumt.

Von meiner Frau bekomme ich zum Geburtstag oder zu Weihnachten auch schon mal Kasperlepuppen geschenkt. Denn sie weiß, dass ich gern Kasperletheater spiele. Aber ich als alter Mann krieche nicht hinter diese Holzbude, um für mich allein zu spielen. Ich bekomme die Puppen, weil ich es liebe, mit meinen Enkelkindern zu spielen; weil ich ihnen dabei ohne großväterliches „Du sollst und du musst, denn das Leben ist so und nicht so“ vom Glauben erzählen kann. Pinocchio im Kasperletheater kann das Kindern viel besser sagen.

„*... werdet wie die Kinder*“ (Matthäus 18,3), hat Jesus seinen Jüngern ans Herz gelegt. Vielleicht brauchen wir dafür etwas Leichtes, Spielerisches, vielleicht sogar etwas, das leicht abgedreht wirkt. Vielleicht nehmen uns dann manche nicht mehr ganz ernst – aber die Enkel sind stolz auf uns und freuen sich.

Bote werden

Von 1970 bis heute, also in etwas mehr als 50 Jahren, hat sich in Deutschland die Zahl der Christen – oder besser gesagt: die Zahl der Menschen, die einer christlichen Kirche angehören – halbiert. Man mag lange spekulieren, warum das so ist. Vor allem ist es ein Zeichen dafür, dass der christliche Glaube und die aus der Begegnung mit Jesus Christus erwachsenden Lebenswerte ihre Bedeutung und Gestaltungskraft in unserer Gesellschaft verloren haben. Das bejammern viele Christen – aber bringt uns dieses Klagen weiter? Sollten wir uns nicht lieber die Frage stellen: Was ist das Gebot der Stunde? Was können wir tun? Man kann viele Ideen, kreative Vorstellungen und Fantasien entwickeln, über das, was notwendig wäre. Ich möchte lieber nachschauen, was das Gebot der Stunde in der Botschaft von Jesus Christus ist. Und da stoße ich auf die Schlussverse des Matthäusevangeliums (28,16-20):

„Die elf Jünger gingen nach Galiläa auf den Berg, den Jesus für die Begegnung mit ihnen bestimmt hatte. Bei seinem Anblick warfen sie sich nieder; allerdings hatten einige noch Zweifel. Jesus trat auf sie zu und sagte: Mir ist alle Macht im Himmel und auf Erden gegeben. Darum geht zu allen Völkern und macht die Menschen zu meinen Jüngern; tauft sie auf den Namen des Vaters, des Sohnes und des Heiligen Geistes und

lehrt sie, alles zu befolgen, was ich euch geboten habe. Und seid gewiss: Ich bin jeden Tag bei euch, bis zum Ende der Welt."

Diesen Auftrag Jesu an die Jünger nennen wir Missionsbefehl. Wenn wir in unserer Gesellschaft feststellen, dass der christliche Glaube seine prägende Kraft verloren hat, sind wir herausgefordert, diesen Missionsbefehl von Jesus zur Tat werden zu lassen. Aber wie?

Ja, wie wurden wir denn selbst von der Botschaft von Jesus Christus erreicht? So unterschiedlich unsere Biografien und Glaubensgeschichten sind, so vielfältig sind auch die Begegnungsgeschichten mit Jesus Christus. Der eine wird sagen: „Ich bin im Elternhaus in den christlichen Glauben hineingewachsen, geräuschlos und ohne große Ereignisse und Aktivitäten. Was meine Großeltern und Eltern geglaubt haben, ist mir im Laufe der Zeit zu eigen und wichtig geworden." Bei anderen war es vielleicht eine Jugendfreizeit, der Kindergottesdienst oder die Begegnung mit einem Menschen, der sie durch seinen Glauben geprägt hat.

So schreibt Gott mit jedem Einzelnen von uns seine persönliche Geschichte. Deswegen sagt Jesus Christus: *„Mir ist alle Macht im Himmel und auf Erden gegeben.*" Wenn wir heute Suchende, Fragende oder schon im christlichen Glauben angekommene Christen sind, dann hat er uns erreicht. Und vielleicht hat Gott dies durch Menschen, besondere Ereignisse oder Veranstaltungen getan.

Und wenn wir als Christinnen und Christen die Botschaft von Jesus Christus hören, dann sollte aus unserem Hören auch ein Tun, die Tat, erwachsen. Wir sollten die Botschaft weitertragen und Boten werden. Wir sind die Überbringer der Guten Nachricht. Und wenn wir als Christen in Gemeinden und Gemeinschaften miteinander verbunden sind, dann ist genau dies unser Herzschlag. Dann laden wir durch unser Leben andere Menschen zu einem Leben mit Christus ein. Wenn dies nicht unser Herzschlag ist, sind wir als Gemeinde oder Gemeinschaft tot. Wir verkümmern dann in Selbstgenügsamkeit, und das, was unser Auftrag, unser Herzensanliegen sein sollte, kommt nicht zur Entfaltung.

Oft haben christliche Gemeinden Herzbeschwerden. Dann brauchen sie einen Herzschrittmacher – das wäre die biblische Botschaft. Manchmal haben wir selbst Herzrhythmusstörungen, weil uns etwas aus dem Gleichgewicht wirft. Vielleicht ist es der Widerstand oder der Gegenwind, den wir aus der Gesellschaft erfahren. Da gibt es vieles, was uns zu Herzen geht und uns den Weg als Boten erschwert. Aber unseren Herzschlag als treue Boten sollte bestimmen, dass wir die Überbringer der Guten Nachricht sind!

Menschen zu Jesus Christus einzuladen beginnt in unserem direkten Umfeld. Da, wo du jetzt gerade sitzt, in deiner Familie; da, wo du morgen vielleicht wieder arbeitest, mit anderen dein Leben, Freude und Leid teilst.

Sören Kierkegaard hat dafür einen schönen Begriff geprägt: Wir sind Aufmerksam-Macher auf Jesus Christus und seine Rettungsbotschaft. Menschen spüren sehr genau, was Halt gibt. Das Bekenntnis zu Jesus Christus gibt uns Halt. Unsere Wege, Methoden, Aktivitäten als Boten können bunt und vielfältig sein, wichtig ist nur eins: dass sie auf unsere persönliche Beziehung zu Jesus Christus aufmerksam machen – durch unsere Herzenshaltung und nicht durch den Ton des Besserwissers.

Als Boten sollen wir den christlichen Glauben nicht in frömmelnden Wahrheiten von uns geben, sondern ihn in der lebendigen Sprache unseres Alltags anderen mitteilen. Dazu gehört auch Mut. Mut zum öffentlichen Bekenntnis des eigenen Glaubens. Aber auch zu der Frage: „Und du, woran glaubst du? Gehst du deinen Weg mit Gott?“

Ich finde es schön, wenn wir Missionare in die ganze Welt senden; das Missionsfeld jedoch, in das wir hineingestellt sind, ist unser Ort, unsere Gemeinde, sind meine Nachbarn. Wenn wir anfangen, die Botschaft von Jesus Christus weiterzugeben, verändert sich unsere Beziehung zu Jesus Christus. Und hoffentlich verändert sich auch etwas in den Menschen, die wir für ihn gewinnen wollen: dass eine tragfähige Beziehung zu Jesus Christus in ihnen wächst.

Hören und Tun der Botschaft sind zwei Seiten einer Medaille. Wenn ich die Botschaft von Jesus Christus hören und weitertragen möchte, muss ich mich auch bereit erklären für den Dienst an den Menschen und für die Menschen. Dann genügt es nicht zu reden, sondern dann muss ich auch handeln: anderen zur Seite stehen, die Hilfe benötigen oder Orientierung suchen, die eine Insel brauchen, auf die sie flüchten können, um einmal durchzuatmen.

Als Bote der Guten Nachricht beginne ich meinen Dienst jedoch nicht mit programmatischen Grundsätzen – die braucht es vielleicht auch. Als Bote beginne ich mit dem Gebet für Menschen, in meiner Familie und meinem Umfeld, dass sie den Weg zu Jesus Christus finden. Wir brauchen das Gebet, um etwas wie Erweckung in unserem Land zu unterstützen. Im Gebet für Menschen entsteht Beziehung – und es ist dann nicht mehr egal, ob sie zu Jesus finden oder nicht. Wir können Gott mit unserem Gebet in den Ohren liegen und unaufhörlich für diese Menschen beten. So viel können wir tun.

Zweifel begraben

Seit über vier Jahrzehnten bin ich als Pastor unterwegs, als Lehrer, als Verkündiger. Ich hatte nie Probleme mit Jesus, dem Menschensohn, mit Jesus, der sich um die Randständigen, die Ausgegrenzten gekümmert hat. Ich hatte auch nie Probleme mit dem Jesus, der die Verurteilung einer Ehebrecherin nicht mitgetragen hat; dem Jesus, der bei dem geldgierigen Oberzöllner Zachäus zu Gast sein möchte. Meine Probleme als Pastor und Seelsorger fingen immer dann an, wenn ich nicht von dem Menschensohn Jesus sprach, sondern von dem Gottessohn. Kennzeichnend für die Gottessohnschaft von Jesus Christus sind Kreuz und Auferstehung. Und genau an diesem Punkt scheiden sich oft die Geister.

Einmal hatte ich vor einem Gottesdienst eine Begegnung im Foyer. Jemand begrüßte mich mit den Worten: „Der Herr ist auferstanden!"

Ich antwortete ihm: „Ja, er ist wahrlich auferstanden!"

Aber neben mir stand ein anderer, der daraufhin entgegnete: „Und woher weißt du das?"

Genau solche Fragen haben die Leute an uns Christen: „Woher wisst ihr das?" Wenn es nach mir ginge, würde man draußen am Gemeindezentrum ein riesiges Banner aufhängen mit der Aufschrift: „Herzlich willkommen, ihr Neugierigen und ihr Zweifler, Sonntag um 10:30 Uhr!" Denn darum geht es: Wir müssen den Zweifelnden und denen, die neugierig Fragen zu biblischen Themen stellen, eine Antwort geben.

Als Religionslehrer, als Pastor im Konfirmandenunterricht oder im biblischen Unterricht habe ich mir zum Grundsatz gemacht: Wenn die Jugendlichen neugierig sind und Fragen stellen oder Zweifel äußern, hat das immer Vorrang. Auch wenn es dazu führt, dass mein Unterricht, das, was ich geplant habe, über den Haufen geworfen wird. Meine Antworten auf ihre Fragen oder Zweifel sind oft meine persönlichen Zeugnisse.

Auch Paulus hat in seinem Brief an die Gemeinde in Korinth ein persönliches Zeugnis gegeben – als Antwort auf die Fragen und Zweifel, die dort aufgebrochen waren. Die einen sagten: „Auferstehung der Toten, das gibt es nicht." Andere meinten: „Na ja, Auferstehung von Jesus Christus, das können wir uns schon vorstellen. Aber dass wir, wenn wir nicht mehr hier sind, auch auferstehen werden, das ist für uns unvorstellbar." An all die Zweifler schrieb Paulus, wie es ihm ging, als sich ihm Jesus nach seiner Auferstehung gezeigt hat:

„Als Letztem von allen hat er sich auch mir gezeigt; ich war wie einer, für den es keine Hoffnung mehr gibt, so wenig wie für eine Fehlgeburt. Ja, ich bin der unwürdigste von allen Aposteln. Eigentlich verdiene ich es überhaupt nicht, ein Apostel zu sein, denn ich habe die Gemeinde Gottes verfolgt" (1. Korinther 15,8-9).

Die Begegnung mit dem Auferstandenen führte zu einer Kehrtwende im Leben von Paulus. Er konnte seine Geschichte und alles andere hinter sich lassen und wurde von einem Christenverfolger zu einem Christusverkündiger.

Und wie ist das bei uns? Auch wir haben unsere Fragen und Zweifel. Mein Glaube kann über diese Zweifel hinauswachsen, aber wirklich im christlichen Glauben komme ich erst dann an, wenn ich in meinem Leben dem Auferstandenen begegne. Wenn ich ihn spüre, ihn erfahre. Dann kann ich sagen: „Auferstehung: Ich glaub's!"

Der eine begegnet Jesus, indem er in der Bibel liest und so die Geschichte von Jesus Christus erfährt und dann Schritt für Schritt zu der Erkenntnis kommt: Da redet kein literarischer Text zu mir, sondern aus der biblischen Botschaft höre ich Jesus Christus, höre ich die persönliche Ansprache Gottes in mein Leben.

Andere begegnen Jesus Christus vielleicht durch Schicksalsschläge. Dabei ist es Jesus selbst, der sich hier zu erkennen gibt. Er sagt: *„Kommt her zu mir, alle, die ihr mühselig und beladen seid"* (Matthäus 11,28).

Das Leben eines Christen ist eine große Entdeckungsreise. Selbst dann, wenn er glaubt, kann sich doch immer wieder der Zweifel in sein Leben schleichen. Weil er Erfahrungen macht, Schicksalsschläge erlebt, bei denen er sich fragt: „Wenn ich das ertragen muss, wie kann ich dann noch glauben, dass es Gott gibt und dass er es gut mit mir meint?"

Glauben bedeutet immer auch, die Spannung auszuhalten zwischen Gewissheit und Zweifel. Als die Gemeinde in Korinth mit ihren Fragen und Zweifeln kämpfte, ihr Leben durcheinander und in Unruhe war, sandte Paulus ihnen einen Brief und gab den Menschen wieder Orientierung. Ich nenne diese Worte gern den „Minikatechismus" von Paulus:

„Zu dieser Botschaft, die ich so an euch weitergegeben habe, wie ich sie selbst empfing, gehören folgende entscheidende

Punkte: Christus ist – in Übereinstimmung mit den Aussagen der Schrift – für unsere Sünden gestorben. Er wurde begraben, und drei Tage danach hat Gott ihn von den Toten auferweckt – auch das in Übereinstimmung mit der Schrift. Als der Auferstandene hat er sich zunächst Petrus gezeigt und dann dem ganzen Kreis der Zwölf" (1. Korinther 15,3-5).

Paulus sagt uns damit: Was wir mit Jesus Christus erlebt haben, ist letztlich die Erfüllung dessen, was in der Schrift steht. Und was war für Paulus die Schrift? Das Alte Testament. Das waren die Propheten, die von dem kommenden Messias, dem Retter, gesprochen haben. Im Leben von Jesus sah Paulus die Bestätigung dessen, was im Alten Testament steht.

Die Hoffnung und das Leben reichen über den Tod hinaus. Wenn ich das von Herzen bejahen und sagen kann: „Ich glaub's!", dann habe ich den Zweifel beerdigt. Und der auferstandene Christus lebt.

Kein Stolperstein sein

Als Vikar war ich in einer Gemeinde im Ruhrgebiet, da gab es ein Hauen und Stechen, und es wurde gehobelt und Späne fielen – wie im wahren Leben. Als Erstes gab mir einer der alten Haudegen – ein frommer Mann, der jeden Sonntag im Gottesdienst saß – diesen Satz mit auf den Weg: „Weißt du, die Christen sind die einzige Bibel, die die Öffentlichkeit liest." Die Menschen gucken nicht in die Bibel, um herauszufinden, was Jesus Christus zu sagen hat, sondern sie sehen die Christen an, wie sie leben. Und so passiert es, dass Nachbarn sagen: „Ja, ja, jeden Sonntag geht er in die Kirche und nun macht er solche Sachen …" Der Maßstab, anhand dessen Menschen über den christlichen Glauben und über die biblische Botschaft urteilen, ist das Verhalten der Christen.

Deshalb sagt Paulus: *„Wir empfehlen uns dadurch, dass der Heilige Geist durch uns wirkt, dass unsere Liebe frei ist von jeder Heuchelei"* (2. Korinther 6,6). Das bedeutet nichts anderes, als dass du authentisch sein sollst. Denn das, was du wirklich glaubst, kann man an dem ablesen, wie du lebst und wie du handelst. Wenn wir als Christen unaufrichtig sind, wenn wir heucheln, dann wird man auch immer an der Wahrhaftigkeit unserer Botschaft zweifeln.

Liebe ohne Heuchelei beginnt bei den kleinen unspektakulären Gesten des Alltags. Ich habe schon mehrmals in meinem Leben die Erfahrung gemacht, dass ich zu einem gemütlichen

Abendessen eingeladen wurde und dachte: Ach, wie schön, ein Abend der Begegnung, da kann man miteinander reden und sich austauschen. Aber dann, irgendwann im Laufe des Abends, schlich sich bei mir so ein schales Gefühl ein, dass dies keine Einladung um der Gemeinschaft oder um der Zuwendung willen war, sondern man mich eingeladen hatte, weil man etwas von mir wollte. Es war eine instrumentalisierte Zuwendung, um mich für etwas zu gewinnen oder einzufangen. Warum hatte man nicht einfach sagen können: „Komm zum Abendessen, ich möchte gern mal mit dir reden, ob du dich in unserer Gemeinde für dieses oder jenes einsetzen kannst"? Stattdessen diese geheuchelte Nähe, dieses Schlickrutschige ... Liebe ohne Heuchelei – das bedeutet auch: Liebe sollte nicht instrumentalisiert werden. Wir brauchen einen authentischen Lebenswandel.

Paulus ruft uns Christen auf, *„so zu leben, dass wir niemandem auch nur das geringste Hindernis für den Glauben in den Weg legen"* (2. Korinther 6,3). Paulus geht offenbar davon aus, dass nicht die Christusbotschaft die Menschen daran hindert, zum Glauben zu kommen, sondern dass die Christen das Hindernis sind. Sie sollen Wegbereiter sein, Menschen zum Fragen bringen, aber sie sollten keine Stolpersteine sein.

Doch leider ist eher das Gegenteil der Fall. Wenn ich mir ansehe, wie viele Menschen aus den christlichen Kirchen austreten, frage ich mich: Warum tun sie das? Ich glaube, sie treten unter anderem deshalb aus, weil sie aufgrund von Missbrauchsgeschichten innerhalb der Kirchen, aufgrund von unglaubwürdigem Verhalten und schlechter Kommunikation dort keine geistliche Heimat finden. Dass Menschen aus den christlichen Gemeinden und Gemeinschaften austreten und sich abwenden, hat manchmal weniger mit ihrem Glauben zu tun als vielmehr mit Enttäuschung.

Wenn man junge Leute fragt, warum sie die Kirche verlassen, sagen sie: „Weil ich mich bevormundet fühle, weil es in der Kirche oft oberflächlich zugeht, auch oberflächlich in der Verkündigung, weil es dort wissenschaftsfeindlich ist und auf meine bohrenden Fragen keine Antworten gibt." Sie empfinden die Kirche als repressiv, als eine Institution, die exklusive Ansprüche erhebt.

Besonders erschüttert mich, wenn junge Menschen zu dem Schluss kommen: „Ich kann mit der Kirche nichts anfangen, denn mein Zweifel ist dort nicht erwünscht." Schauen wir uns doch nur die Jünger Jesu an – was war das für eine Truppe! Der eine hat Jesus verraten, der andere ihn verleugnet, und der dritte hat selbst nach der Auferstehung noch gezweifelt und gesagt: „Ich will es aber genau wissen!"

Also, warum vertrauen wir nicht auf die Bibel, die Orientierung und Antwort gibt, und freuen uns, wenn junge Menschen zu verstehen geben, dass sie genau danach suchen? Wir haben es in der Hand, ob wir sie mit ihren Fragen alleinlassen oder ihnen mit offenem Herzen begegnen.

Lasst uns keine Stolpersteine für andere sein, Hindernisse auf ihrem Weg zum Glauben, sondern Wegbereiter.

Augen zu und springen!

Morgens laufe ich gern eine große Runde, am liebsten durch die Landschaft um Haiger. Gar nicht so selten begegnen mir unterwegs Leute, mit denen ich ins Gespräch komme. Einmal traf ich eine ältere Frau, die stehen blieb und mich fragte: „Wenn Sie hier so laufen, denken Sie dann auch über die Welt und das Leben nach?"

„Ja", sagte ich, „manchmal. Aber ich erfreue mich auch am Plätschern des Baches und dem Gesang der Vögel."

„Wissen Sie", sagte sie, „ich denke heute schon den ganzen Morgen über Vertrauen nach."

Da klingelte es bei mir, und ich fragte sie: „Gibt's da Probleme?"

„Ja", erwiderte sie, „mal mehr, mal weniger. Und jetzt gerade mal mehr. Wie ist das denn bei Ihnen mit dem Vertrauen?"

Ich wusste natürlich nicht, was die Frau zu dieser Frage bewog, also antwortete ich ihr: „Vertrauen ist das freie Geschenk sich begegnender Menschen. Ich schenke Menschen mein Vertrauen und bekomme selbst auch Vertrauen von Menschen geschenkt. Und manchmal wird dieses Vertrauen missbraucht. Dann wird man misstrauisch, und es kann eine Weile dauern, bis man wieder vertrauen kann."

„Na ja", sagte sie, und ich sah ihr an, dass ihr das nicht reichte, „das sind doch Allgemeinplätze. So weit bin ich heute

Morgen mit meinen Gedanken auch schon gekommen. Gibt es da nicht eine handfeste Definition? Können Sie auf den Punkt bringen, was für Sie Vertrauen ist?"

Tja. Ich machte eine lange Pause. Dann sagte ich: „Vertrauen ist für mich akzeptierte Verletzlichkeit."

Sie stutzte. „Akzeptierte Verletzlichkeit?"

„Ja, immer, wenn ich jemandem vertraue, akzeptiere ich doch unausgesprochen, dass er mich möglicherweise verletzt, wenn er mein Vertrauen missbraucht."

„Aber so kann man doch nicht leben!", entgegnete sie.

„Stimmt", sagte ich. „So kann man nicht leben."

„Und wie machen Sie das?"

„Als Christ habe ich grenzenloses und bedingungsloses Vertrauen in Gott. Ich vertraue Gott."

„Und wieso vertrauen Sie gerade Gott und haben bei ihm nicht das Gefühl einer akzeptierten Verletzlichkeit?" Die Frau ließ nicht locker.

„Ich vertraue Gott, weil sich Gott in Jesus Christus für mich verletzlich gemacht hat. Und er ist für mich ans Kreuz gegangen: Er hat nicht mich bluten lassen, sondern er hat für mich geblutet. So ist mein Vertrauen im Laufe der Jahre meines Christseins gewachsen."

Ich merkte selbst, dass dies für eine zufällige Begegnung auf einem Wald- und Wiesenweg etwas theologisch klang. Die Frau schaute mich ungerührt an und schien zu warten, was ich ihr eigentlich sagen wolle.

„Darf ich fragen, wie Sie heißen?", begann ich noch einmal.

„Gertrud", sagte sie.

„Also, Gertrud, ich habe da ein Bild, vielleicht hilft uns das weiter. Sind Sie schon mal mit kleinen Kindern spazieren gegangen? Ständig wollen sie abseits vom Weg irgendwo hochklettern und dann herunterspringen. Am Anfang halten sie uns dabei noch fest an der Hand und wir sollen ihnen helfen. Aber wenn sie ein bisschen älter sind, rennen sie allein los. Schwupp, sind sie eine kleine Mauer hinauf, und schwupp, wird die Mauer immer höher. Und plötzlich stehen sie da oben – zurück geht nicht, runter geht auch nicht. Und dann rufen sie von der Mauer herunter: ‚Papa, ich springe, fang mich auf!' Kaum gesagt, da springen sie schon. Dann aber muss der Vater wirklich die Arme ausbreiten und das Kind auffangen. Und genau das ist ein Bild für mein Vertrauen zu Gott: ‚Papa, ich springe, fang mich auf! Papa, ich liege am Boden, hilf mir auf. Papa, ich habe etwas falsch gemacht, ich bin vom Weg abgekommen, bring mich zurück auf den richtigen Weg.'"

Bei der Frau machte es klick. Sie gab mir die Hand, lächelte und dann verabschiedete sie sich. Ich hörte noch, wie sie vor sich hin murmelte: „Vater, ich falle, fang mich auf." Ist das nicht fast schon ein Gebet? „Vater, ich falle, fang mich auf."

„Verlass dich auf den Herrn von ganzem Herzen, und verlass dich nicht auf deinen Verstand, sondern gedenke an ihn in allen deinen Wegen, so wird er dich recht führen" (Sprüche 3,5-6).

Ruhen lassen

Einmal ließ ich versehentlich nach dem Gottesdienst meine Bibel in der Kirche liegen. Bevor ich sie holte, stand ich noch eine Weile mit Leuten aus der Gemeinde beisammen und räumte ein paar Sachen weg. In der Zwischenzeit hatte mir jemand etwas sehr Schönes in meine Bibel geschrieben:

„Unruhig ist unser Herz, bis es ruht, o Gott, in dir.“

Wenn wir es schaffen, unser Leben in Gott ruhen zu lassen, dann finden wir auch Frieden und Gelassenheit. Aber wie damit anfangen? Es gibt so vieles, was uns beunruhigt, verunsichert, jeden Tag kommt etwas Neues, und die Sorgen von gestern sind oft auch noch da.

Bei Jesus und seinen Jüngern war es damals auch nicht anders. Besonders Thomas, den manche fälschlicherweise den Ungläubigen nennen, trug so seine Unsicherheiten mit sich. Als Jesus seinen Jüngern mitteilte: *„Und wo ich hingehe – den Weg dahin wisst ihr“*, wollte Thomas wissen: *„Herr, wir wissen nicht, wo du hingehst; wie können wir den Weg wissen?“* (Johannes 14,4-5). Er war beunruhigt: „Was meint Jesus? Wo soll uns dieser Weg hinführen? Wie soll es weitergehen?“

Jesus antwortete: *„Ich bin der Weg und die Wahrheit und das Leben“*, und forderte ihn und die anderen Jünger auf: *„Glaubt mir“* (Johannes 14,6.11).

Glauben heißt vertrauen. Und wenn es um Vertrauen geht, geht es um Beziehungen. Wann vertrauen wir? Wenn jemand zu uns sagt: „Ich mache das für dich!" – vertrauen wir dann schon, oder haben wir nicht manchmal, wie Thomas, ein dumpfes Gefühl im Bauch und fragen uns: „Sind das nicht nur leere Versprechungen? Werde ich vielleicht am Ende enttäuscht?" Als Jesus zu seinen Jüngern sprach, da ahnten sie, da ahnte Thomas weder etwas von seiner Kreuzigung noch von seiner Auferstehung.

Vertrauen habe ich, wenn es zwischen mir und dem anderen etwas gibt, das uns verbindet. Man könnte auch sagen, dass es zwischen mir und dem anderen eine Art Humus gibt, auf dem unser Vertrauen wachsen konnte. Und je dicker diese Humusschicht ist, je mehr es gibt, das uns verbindet, umso größer ist auch das Vertrauen. Wenn mich dann etwas umtreibt, mein Leben in Unruhe ist und ich die Nerven verliere, dann weiß ich: Der andere sieht meine Not und steht mir zur Seite.

So ist es auch mit unserer Beziehung zu Jesus Christus. Je mehr Erfahrungen ich mit Jesus mache, je mehr es gibt, das mich mit ihm verbindet, umso größer wird mein Vertrauen und umso tiefer mein Glaube. Ich muss sie nur zulassen, die „vertrauensbildenden Maßnahmen", und in all den Momenten, in denen ich keine Ruhe finde, in denen ich traurig bin oder nicht loslassen kann, die Gemeinschaft suchen. Die Gemeinschaft mit Menschen und die Gemeinschaft mit Jesus Christus. Da fängt Heilung an.

Heilung kann beginnen, wenn du bereit bist, dich von jemandem an die Hand nehmen zu lassen, der zu dir sagt: „Komm mit! Wir gehen zum Kreuz." Vielleicht ist das ein Kreuz in einem Gemeindesaal oder auf einem Berggipfel, vielleicht auch ein Kreuz in einer Autobahnkirche oder einer kleinen Kapelle. Und wenn der andere dir dann Mut macht und sagt: „Lass all deine Selbstvorwürfe und Zweifel, deine Trauer und Niedergeschlagenheit, das, was dich herunterzieht und fertigmacht, lass all das mal richtig raus! Wir lassen es hier beim Kreuz und dann können wir gehen" – dann lass es auch heraus, lass es beim Kreuz und geh.

Vielleicht kommt die Unruhe nach einiger Zeit zurück. Dann lass dich noch einmal an die Hand nehmen, geh wieder zum Kreuz, sprich es aus, und lege es bei Jesus ab. Schuld, Last, Trauer, Zweifel, Verzagtheit – wer kann sie uns nehmen, wenn nicht Jesus Christus? Wir müssen nur eines tun: Sie ihm bringen.

Tapfer sein

Einmal befand ich mich in einer schwierigen Situation. Man diskutierte darüber, wer etwas zu verantworten hatte. Es gab einen großen „Verschiebebahnhof" der Schuld ... Irgendwann stand ich auf: „Was diskutiert ihr darüber, wer schuld ist? Ich bin der Vorstand und ich übernehme die Verantwortung. Punkt." Damit war die Diskussion beendet.

Ich denke, dass man besonders als Führungskraft für seine Entscheidungen einstehen können, das heißt, Verantwortung übernehmen und, ja, auch Risiken tragen muss. Gleichzeitig gilt für jeden, der Verantwortung übernimmt und für andere einsteht: Er muss damit rechnen, verletzt und kritisiert zu werden.

Dass ich das in meinem Leben so gut überstanden habe, verdanke ich vielleicht den Wesensunterschieden meiner Eltern: Wenn mir das Wasser bis zum Hals stand, hat die Frohnatur meiner Mutter mich über Wasser gehalten – und die preußischen Tugenden meines Vaters haben mir geholfen, wieder Boden unter die Füße zu bekommen.

Aufstehen, für andere einstehen und sich verletzlich machen – für den griechischen Philosophen Platon entsprach dies der Tugend der Tapferkeit. Dazu gehört auch, den Mut aufzubringen, unpopuläre Entscheidungen zu treffen. Jemand, der etwa ein Unternehmen leitet, kann dies nicht unter der Prämisse von Zustimmungswerten tun.

Mit Johannes Rau, dem ehemaligen Bundespräsidenten, der auch ein überzeugter Christ war, habe ich einmal über das Thema „Menschenfurcht und Gottesfurcht" gesprochen. Er sagte zu mir: „Als Politiker habe ich natürlich Menschenfurcht, weil ich von den Menschen gewählt werden will. Aber am Ende gewinne ich nur dann ein politisches Profil, wenn ich aufstehe und für meine Überzeugungen einstehe – und nicht nach Zustimmungswerten hasche."

Letzteres ist überall, wo Menschen in größeren Gruppen zusammenwirken – in Unternehmen, aber auch in Institutionen oder Gemeinden – ähnlich: Das Ganze gewinnt erst dann Profil, wenn es jemanden gibt, der aufsteht und für seine Überzeugungen einsteht, auch wenn diese unpopulär sind. Und letztlich gilt dies nicht nur für Führungspersonen, sondern für jede und jeden von uns.

Ich stand mit meinen Entscheidungen so manches Mal allein da. Jeder, der einmal für etwas Verantwortung übernommen hat, kennt das, da wird die Luft schnell dünn. Denn wir leben in einer Zuschauergesellschaft: Wer bereit ist, Verantwortung zu übernehmen, tanzt auf der Bühne, und vor ihm sitzen lauter Leute, die besser wissen, wie es geht. Ganz Deutschland hat Trainereigenschaften, wenn es um die Fußball-Weltmeisterschaft geht … Deshalb muss man lernen, es auszuhalten, mit den eigenen Entscheidungen allein dazustehen. Und dafür braucht es Tapferkeit.

Dabei kann es helfen, sich die *Verantwortung* einmal genauer anzuschauen: In der *Verantwortung* steckt die *Antwort*. Und es sind nicht „die Anderen", nicht die Meinungsstarken und schon gar nicht die Zuschauer, denen man mit seinen Entscheidungen Antwort geben muss. Die selbsternannten Richter haben mit ihren Urteilen nur die Deutungshoheit über die Verantwortung übernommen. Die Antwort, die in der Verantwortung steckt, ist man nur einem schuldig: Gott.

„Menschenfurcht bringt zu Fall; wer sich aber auf den Herrn verlässt, wird beschützt" (Sprüche 29,25).

Heuschrecken fangen

Unsere Gesellschaft leidet immer wieder unter Heuschreckenplagen. Es gibt verschiedene Arten von „Heuschrecken" – aber sie alle greifen unsere Werte an.

Eine Heuschrecke heißt Säkularismus. Wertefragen beantwortet der Säkularismus vom christlichen Glauben losgelöst. Der Glaube spielt keine Rolle.

Eine andere Heuschrecke ist der Individualismus. Er überlässt es dem Einzelnen, für welche Werte er sich entscheidet, welche Werte für ihn und sein Leben verbindlich sind.

Und eine dritte Heuschrecke ist der Pluralismus. Im Pluralismus wird grundsätzlich auf die Wahrheitsfrage verzichtet. Deshalb stehen im Pluralismus mehrere Aussagen gleichberechtigt nebeneinander. Jeder kann sich seine Wahrheit aussuchen.

Vielleicht ist es hässlich, hier von „Heuschrecken" zu sprechen. Es ist doch angenehm, in einer pluralistischen Welt zu leben, und es ist gut, wenn unsere Individualität zählt. Und der Säkularismus hat sicher auch positive Seiten. Aber wohin führen uns diese Weltanschauungen?

Wenn im Pluralismus alles gleichberechtigt und gleich gültig nebeneinandersteht, heißt das, es werden keine Wertungen mehr vorgenommen – alles ist möglich, alles ist richtig. Dass die daraus entstehende Unverbindlichkeit das Miteinander erschwert, wollte mir schon früh mein Vater beibringen. Als

Maschinenbauer war er ein sehr präziser Mann; seine Genauigkeit ist mir mehrfach zum Verhängnis geworden, weil er den weiten Toleranzbegriff meiner Jugend nicht teilte: Wenn er sagte, ich solle um 22:00 Uhr zu Hause sein, war das keine Diskussionsgrundlage. Kam ich später, schimpfte er mit mir. „Vater, du kannst doch mal tolerant sein", sagte ich dann, und er entgegnete: „Ich bin tolerant. Aber wenn ich 22:00 Uhr sage, meine ich auch 22:00 Uhr." Für meinen Vater als Maschinenbauer bezeichnete Toleranz den zulässigen Spielraum. Ist bei einer Maschine der Spielraum zu groß, funktioniert sie nicht. Das Gleiche gilt, wenn der Spielraum zu eng ist. Mein Toleranzbegriff hingegen war eher ein sozialpädagogischer. Besonders provoziert hat mich seine stets abschließende Beteuerung: „Ich meine es ja nur gut mit dir!" Und auch wenn ich die Ansichten meines Vaters damals nicht teilte, so hat er mich doch geprägt, denn er hat seine Werte gelebt und ist für sie eingestanden.

Später habe ich es wie mein Vater gemacht: Ich habe meinen Kindern immer gesagt, was ich von ihren Aktionen halte. Es gab zwar manchmal Krach, aber das habe ich in Kauf genommen. So wie mein Vater. Einmal sagte er anlässlich eines Geburtstages, was für ihn das Charakteristische an mir sei – mit Metaphern aus dem naturwissenschaftlichen Bereich, wie sollte es bei einem Maschinenbauer auch anders sein. Meine Kinder rieben sich voller Vorfreude die Hände. Wie würde Opa wohl den Vater beschreiben?

„Es gibt Lichtwellen, Teilchenwellen und Schallwellen. Du, Hartmut, bist der schlagende Beweis dafür, dass die Schallwellen die langsamsten Wellen sind." Das gab mir zu denken. Ich hatte mich immer als besonders durchsetzungsstark gesehen … „Weißt du, das, was ich dir vor vierzig Jahren gesagt habe, ist jetzt angekommen", schloss er.

Damit etwas ankommt, muss es auch gesagt werden. Vielleicht führt dies zu Konflikten, Krach und Stress, aber sie sind es im wahrsten Sinne des Wortes wert.

Heute leben wir in einer Kultur der Konfliktvermeider. In vielen Familien ist es verpönt zu werten. Es wird nicht länger gesagt: „Das ist gut – und das ist falsch."

Doch wenn alles möglich ist, zahlen wir dafür einen hohen Preis: den Preis der mangelnden Verbindlichkeit. Überfordert von den vielen Möglichkeiten, wissen wir nicht mehr, was gilt und worauf wir uns verlassen können. Die Menschen haben in allen Lebenslagen Beratungsbedarf, wir sind eine regelrechte Beratungsgesellschaft geworden: Eheberater, Energieberater, Immobilienberater, Berufsberater, Schullaufbahnberater, Lebensberater haben Hochkonjunktur, weil niemand mehr in der Lage ist, für sich das Richtige zu entscheiden.

Um richtige Entscheidungen fällen zu können, brauche ich einen Entscheidungskompass – und das sind Werte. *„Prüft aber alles und das Gute behaltet. Meidet das Böse in jeder Gestalt"* (1. Thessalonicher 5,21-22). Werte haben immer auch etwas mit Wertungen zu tun. Deshalb sollten wir ruhig öfter mal „Das ist gut!" oder auch „Das ist böse!" sagen. Und damit den Pluralismus einfangen, bevor er zu einer alles nivellierenden Heuschreckenplage wird.

Einen Zufluchtsort finden

Für bestimmte Themen in meinem Leben habe ich bestimmte Orte. Besonders für Themen aus dem Bereich „Soll ich oder soll ich nicht?". Damit meine ich nicht Fragen wie: Soll ich heute Nachmittag ein Eis essen? Sondern eher: Soll ich Pastor werden oder nicht? Ist das meine Berufung? Ich habe sehr lange mit dieser Frage gerungen. Schließlich fand ich einen Ort, an den ich mich zurückziehen konnte, um mir in Ruhe darüber klar zu werden.

In Hildesheim war der Ort für solche Fragen die Andreaskirche. Man konnte sie jederzeit betreten; die Tür stand immer offen. In Hermannsburg war es eine alte Brücke über die Örtze. Dort habe ich ins Wasser geblickt und versucht, meine Fragen mit Gott zu klären. In Stuttgart wohnte ich in der Nähe des Flughafens. Dort konnte ich zur Flughafenkapelle gehen, wenn ich ein Thema hatte, das mich beunruhigte. Mein Zufluchtsort in Haiger ist jetzt die Autobahnkirche an der A45; sie ist rund um die Uhr geöffnet. Selbst wenn mich etwas nachts um drei Uhr nicht schlafen lässt, kann ich mich ins Auto setzen und dorthin fahren.

Das Erste, was man sieht, wenn man die Autobahnkirche in Wilnsdorf betritt, ist eine Verheißung Gottes: *„Denn er hat seinen Engeln befohlen, dass sie dich behüten."*

Diese Verheißung Gottes finden wir in der Bibel im Psalm 91. Der Psalm beginnt mit einem Bekenntnis: *„Wer unter dem*

Schirm des Höchsten sitzt und unter dem Schatten des Allmächtigen bleibt, der spricht zu dem Herrn: Meine Zuversicht und meine Burg, mein Gott, auf den ich hoffe."

Wenn man diese Passage im hebräischen Urtext liest, könnte man das, was bei Luther „Zuversicht" heißt, auch mit „Zufluchtsort" übersetzen: eine gute Adresse, ein Ort, an den ich flüchten kann, wenn mich etwas bedrängt, beengt, umtreibt.

Als ich einmal jemanden aus unserer Gemeinde im Krankenhaus in Siegen besuchte, hatte ich beim Abschied das Gefühl, dass dies der letzte Besuch und unser letztes Gespräch gewesen sein könnte. Ich spürte, da wird nichts mehr möglich sein, jetzt geht es auf das Ende zu. Und ich sagte mir: Bevor ich wieder nach Hause fahren und mich den Fragen der anderen stellen kann – wie geht es ihm, wie sieht er aus, wird er es schaffen? –, brauche ich einen Zufluchtsort, muss innehalten, raus aus den Strömen, die mich da mitzureißen drohen. Also verließ ich die Autobahn und setzte mich in eine Kirche.

Manche tun sich mit dem Beten schwer. Sie halten ihre Gedanken vielleicht in einem Tagebuch fest und gewinnen so Abstand und Klarheit.

Wenn Jugendliche mich fragen: „Wie geht das mit dem Beten?", dann sage ich ihnen: „Ich fange immer so an wie sonst auch, wenn ich etwas loswerden möchte – nur, dass ich mich dabei an Gott wende: Bitte hör mir zu! Und dann erzähle ich Gott alles, was mir auf der Seele liegt – so wie ich es einem Freund erzählen würde. Und zum Schluss frage ich ihn: So, Gott, und was sagst du jetzt dazu?" Manchmal verlasse ich die Kirche oder die Brücke oder den Ort, an dem ich mich Gott anvertraut habe, und höre nichts von ihm – aber dann antwortet er mir vielleicht ein wenig später durch Menschen oder dadurch, wie die Geschehnisse ihren Lauf nehmen.

Ja, Gott hört mir zu. Und er hat versprochen, dass er seinen Engeln befohlen hat, mich zu behüten auf all meinen Wegen. Alle Bedrohungen sind bedeutungslos, denn es gilt Gottes Wort: *„Ich bin bei euch alle Tage bis an der Welt Ende"* (Matthäus 28,20). „Ich bin bei dir, ich bin dein Schutzschild. Ich bin deine Burg. Ich bin der Ort, an den du dich Hilfe suchend flüchten kannst."

Konto auffüllen

Als ich während meines Berufslebens ständig unterwegs war und viel Verantwortung trug, habe ich mich oft gefragt: Ist das, was ich hier tue, nicht wie eine Art Scheck ausgeben? Oder gebe ich etwa gerade einen ungedeckten Scheck aus? Das Gleiche gilt auch für Kraft, Liebe und Einsatzfreude: Wir können nur das ausgeben, was auf unserem Konto ist.

Aber wenn mein Konto nicht ausgeglichen ist, dann gebe ich ungedeckte Schecks aus. Wenn ich einem Jugendlichen in der Gemeinde oder einem Kind in der Familie sage: „Ich bin immer für dich da", stelle ich einen Scheck aus. Und wenn das Kind, der Junge oder das Mädchen zu mir sagt: „Ich brauche dich jetzt!", dann muss ich diesen Scheck auch einlösen. Ich muss darauf achten, dass mein inneres Konto wirklich mit dem gefüllt ist, was ich an andere weitergeben will. Doch wie führe ich mein Konto so, dass ich nicht ins Minus gerate, sondern ausgeglichen lebe?

Wichtig ist, dass man eine Grundverankerung hat. Für mich ist das der christliche Glaube. *„Du sollst den Herrn, deinen Gott, lieben von ganzem Herzen, von ganzer Seele und mit all deiner Kraft und deinem ganzen Gemüt, und deinen Nächsten wie dich selbst"* (Lukas 10,27). Wenn ich mit wachen Augen durch meinen Ort gehe, dann nehme ich in den Ecken und Nischen und hinter den Fenstern vieles wahr, wo ich tätig werden, mich einbringen und investieren kann. Das müssen nicht immer Ehrenämter sein, die mich festlegen und verpflichten. Wenn ich im Stillen denke: „Jetzt muss ich schon wieder dorthin …“, wenn es mich nur Kraft kostet und die Erfüllung ausbleibt, ist es nicht das Richtige – denn dann fehlt die Liebe. Und wenn ein Ehrenamt nicht von der Liebe zu den Menschen und auch nicht zu mir selbst und meinen Ressourcen getragen wird, kann ich es gleich sein lassen.

Ich habe festgestellt: Im Alter hat man Zeit, das eigene Konto aufzufüllen, und das heißt, noch einmal neu zu prüfen: Wovon habe ich zu viel und wovon zu wenig? Was kostet mich zu viel und wo bekomme ich zu wenig? Wenn ich dann Bilanz ziehe, fällt mir vielleicht auch auf, wo ich dem Müßiggang erliege, mich um mich selbst drehe, mich möglicherweise schon lange abgekapselt habe, weil ich irgendeinen alten Schmerz, Neid oder Eifersucht hege … Auch das kostet mich Kraft, raubt mir die Lebensfreude, die neue Kraft schenken könnte. Neid macht Menschen hässlich, sagt man, und wer will schon hässlich sein? Erst recht nicht im Alter, wo man ohnehin gegen seine Falten zu kämpfen hat. Aber nicht nur Neid, auch Bitterkeit, Müßiggang und Eifersucht machen hässlich.

Menschen, die nicht verbittert, nicht neidisch, sondern anderen zugewandt sind, strahlen das aus: Sie sind fröhlich, denn sie spüren: Ihr Leben hat einen Sinn, für den es sich lohnt, morgens aufzustehen.

In jedem Fall bedeutet das eigene Konto aufzufüllen: Aktivität. Vielleicht muss ich mich von etwas verabschieden und es loslassen – oder vielleicht muss ich etwas Neues finden, das mir und meinen Kraftreserven entspricht. Auch wenn ich im Rollstuhl sitze, kann ich noch Schecks ausstellen und dafür sorgen, dass sie gedeckt sind. Wie die ältere Dame, die in einem Altenheim lebte, dem eine Einrichtung für drogenabhängige, verhaltensgestörte Jugendliche angegliedert ist: Sie übernahm eine Patenschaft für einen Drogenabhängigen und hat ab diesem Zeitpunkt nicht mehr nur aufs Telefon gestarrt oder aus dem Fenster geschaut, wann ein Angehöriger sie endlich mal wieder im Altenheim besuchen käme. Fast wurde es ihr zu viel – aber nicht etwa die Patenschaft, sondern wenn die Kinder sie besuchen wollten …

Das Konto auffüllen – das heißt nichts anderes als Erfüllung finden. Und dafür ist es nie zu spät.

Tankstelle sein

Christliche Gemeinden können erstaunlich viel Zeit damit verbringen zu streiten. Schon die Gemeinden in Rom, an die sich Paulus mit einem Brief wandte, haben oft mit- und untereinander gestritten, ja sich regelrecht zerstritten. Selbst Christen, die verfolgt und bedroht wurden, hatten dafür Zeit. In Rom stritten die Judenchristen, die von sich glaubten, die frommeren und besseren Christen zu sein, mit den Heidenchristen. Paulus hat sie, die so sehr mit sich selbst beschäftigt waren, an etwas Wichtiges erinnert: Wir haben als Christen nicht nur eine Botschaft, eine Botschaft der Hoffnung, sondern auch einen gemeinsamen Ort: einen Hoffnungsort. Dieser Ort ist die Gemeinde. Er ist wie eine Tankstelle: nicht dazu da, die Batterien aufzuladen, sich mit der Botschaft, ihren Verheißungen, Aus- und Zusagen zuzurüsten, um dann in der Gemeinde sitzen zu bleiben; nein, um aus der Gemeinde aufzubrechen.

„Denn wo zwei oder drei versammelt sind in meinem Namen, da bin ich mitten unter ihnen“, sagt Jesus (Matthäus 18,20). In einer kleinen, aus zwölf Personen bestehenden Hauskreisgemeinde im Berliner Stadtteil Lichtenberg, wo kaum Christen leben, gab es einen, der sagte: „Ich räume meine Doppelgarage leer, wir stellen eine Tischtennisplatte und einen Kicker hinein, dann können sich unsere Kinder hier treffen.“ Gesagt, getan. Die Kinder kamen, auch aus der Nachbarschaft,

es wurden mehr, und es brauchte Eltern, die nach dem Rechten schauten. Es wurde Tischtennis gespielt und gekickert, ein Lied gesungen, zwischendurch ein Bibeltext gelesen und darüber geredet. So entstand aus dieser Hauskreisgemeinde von zwölf Leuten in einer Doppelgarage ein Jugendklub. Ein Hoffnungsort.

Auch ein alter Laden kann ein solcher Ort sein. Irgendwo stand eine Bäckerei leer. Einer schaute sie sich an, sah, dass noch alles funktionierte. Es fand sich ein anderer, der sich aufs Backen verstand und Frauen aus der Umgebung einlud, einmal in der Woche zum Brotbacken zu kommen. Sie kamen und hatten viel Spaß, die Freizeitgruppe „Backstube" war geboren. Das Brot, das sie nicht selbst brauchten, verschenkten sie. Eines Tages sagte der Leiter der Freizeitgruppe „Backstube": „Ich will euch etwas erzählen. Jesus Christus sagt: ‚Ich bin das Brot des Lebens …'" Und dann wurden aus der Zeit, in der das Brot gebacken wurde, eine Bibelstunde und aus einer leeren Bäckerei ein Hoffnungsort.

Jeder Christ braucht so einen Hoffnungsort. Das Evangelium verweist uns nicht in die Einsamkeit, es verweist uns in die Gemeinschaft. Und wir müssen diesen Hoffnungsort aufsuchen – ihn vielleicht auch erst entdecken –, um Kraft zu tanken und sie weiterzugeben.

Kreuzworträtsel lösen

Ich bin viel auf Reisen. Wenn ich morgens losfahre, fragt meine Frau mich oft: „Na, für einen Kaffee wird es doch noch reichen, oder?" Und dann antworte ich: „Ja, und für ein Losungswort auch."

Was hat es mit der „Losung" auf sich? Der Begriff kommt aus dem Militär. Wenn man sich zwischen den feindlichen Linien bewegte, wurde jeden Tag eine Losung ausgegeben. Wer zur Truppe gehörte, kannte sie. Das Losungswort war also ein wichtiges Wort, mit dem man sicher durch den Tag kam, ja man könnte fast sagen, das einem den Tag rettete.

Die Losungen, wie wir sie heute kennen – eine biblische Botschaft, die uns den Tag über leitet –, wurden vor 300 Jahren von dem Missionar Nikolaus von Zinzendorf in Herrnhut ins Leben gerufen. Wenn es morgens etwas hektisch ist und für das Erkennen der biblischen Botschaft die Zeit zu fehlen scheint – für ein Losungswort reicht es immer. Auch wenn ich zum Flughafen oder Bahnhof muss.

Gut gerüstet beginne ich so meinen Tag. Wie kürzlich, als ich nach Berlin reisen wollte. Am Flughafen Köln wartete ich auf meinen Abflug, da setzte sich ein jüngerer Mann neben mich. Er war ganz in Schwarz gekleidet.

„Fliegen Sie zu einer Beerdigung?", fragte ich ihn.

„Nein. Aber meine Mutter ist gestorben und jetzt muss ich in Berlin alles für ihre Beerdigung vorbereiten." Er machte eine Pause, dann fuhr er leise fort: „Letzte Woche war ich schon einmal in Berlin. Ich habe noch mit ihr gesprochen. Es war abzusehen, dass es so kommt."

Jetzt kannst du den Mann doch nicht einfach so losfliegen lassen, ging es mir durch den Kopf. Ich schaute ihn an und sagte: „Ich wünsche Ihnen viel Kraft bei allem." Und dann gab ich ihm noch ein ermutigendes Wort mit auf den Weg – das Losungswort, das ich am Morgen gelesen hatte.

Er fragte: „Können Sie mir das aufschreiben?"

Ich hatte zwar einen Stift, aber keinen Zettel, also schrieb ich das Losungswort auf die Rückseite meiner Visitenkarte. Er bedankte sich und wir verabschiedeten uns.

Drei Wochen später klingelte mein Telefon. „Ich weiß nicht, ob Sie sich noch erinnern – ich bin der vom Kölner Flughafen. Sie haben mir auf Ihre Visitenkarte ein Losungswort geschrieben, deswegen habe ich mich getraut, Sie anzurufen. Dieses Losungswort nämlich … Also, nach der Beerdigung meiner Mutter, da habe ich mich noch einmal vor die Leute gestellt, für ihr Kommen gedankt und ihnen dann dieses Losungswort zugesprochen …"

„Und?"

„Das hat eingeschlagen wie eine Bombe. Einer kam auf mich zu, mit einem Gesichtsausdruck, als sei ein Traktor durch sein Gesicht gefahren: mein Sohn. ‚Vater, ich wusste gar nicht, dass du ein verkappter Frommer bist', fing er an. ‚Ich bin kein verkappter Frommer', habe ich ihm geantwortet. ‚Aber das Wort hat mir jemand gegeben, und das hat mir gutgetan.'"

Da sieht man: Wir müssen keine theologischen Tiefbohrer sein, das biblische Wort soll uns und unserer Seele vor allem guttun! *„Dein Wort ist meines Fußes Leuchte und ein Licht auf meinem Wege"* (Psalm 119,105).

„Ja, und jetzt", fuhr der Mann fort, „habe ich mir dieses Buch bestellt, das Sie mir empfohlen haben."

„Ich habe Ihnen doch kein Buch empfohlen", entgegnete ich.

„Aber ja, die Losungen!"

„Ach so. Na, dann legen Sie die mal ins Esszimmer oder in die Küche, damit Ihr angefahrener Sohn sich ein bisschen herausgefordert fühlt! Und stecken Sie ruhig meine Visitenkarte mit der Telefonnummer hinein, dann haben Sie eine Art Telefonjoker, wenn Sie nicht weiterwissen."

Er wirkte etwas verlegen. „Ich habe doch gar keine Ahnung ..."

„Wieso keine Ahnung?", rief ich ihm zu. „Sich im christlichen Glauben zurechtzufinden, das Brot des Lebens zu essen, das Wasser des Lebens zu trinken, das ist nichts anderes als Kreuzworträtsel lösen."

„Kreuzworträtsel lösen ...?"

„Na ja", sagte ich, „in der biblischen Botschaft geht es um das Kreuz Jesu Christi und die biblische Botschaft, das sind Worte von Jesus Christus. Und das, was einem fragwürdig ist, sind die Rätsel. Kreuz – Wort – Rätsel. Die biblische Botschaft kann man sich erschließen wie ein Kreuzworträtsel."

„Aber wo ist der Anfang?"

„Was macht man denn, wenn man ein Kreuzworträtsel löst? Man beginnt mit dem, was man kennt. Und nach und nach erschließt sich der Rest. Was dann noch offenbleibt, kann man ja nachlesen ..."

Jesus lädt uns ein, zu ihm zu kommen, und wir sollen diese Einladung weitergeben. Dafür dürfen wir uns auch einiges einfallen lassen. Und wenn uns nichts einfällt und wir nicht weiterwissen, machen wir es doch wie beim Kreuzworträtsellösen. Manchmal ist das Lösungswort ein Losungswort.

Sein Maß finden

Ich bin von meinem Naturell jemand, der gern vorweggeht. Während der Zeit der Wiedervereinigung haben wir als Christliches Jugenddorfwerk Deutschlands (CJD) 50 neue Standorte in Ostdeutschland eröffnet und sind innerhalb kürzester Zeit um 3000 Mitarbeiter gewachsen – das ist eigentlich zu schnell und zu viel. Aber es war eben das Gebot der Stunde. Als Führungskraft hätte ich daran kaputtgehen können. Und ich hätte, wenn ich das Maß meiner eigenen Kräfte überschätzt hätte, nicht nur mich, sondern das Ganze gefährdet.

Maß halten – das fängt immer damit an, dass ich das Maß meiner eigenen Kräfte einzuschätzen weiß, damit mir nicht plötzlich die Puste ausgeht. Manche Burn-out-Erkrankten meinen, die Ursache für ihren Burn-out liege ausschließlich in ihrer Arbeit. Ich sage immer: Nein, die Arbeit ist es nicht, sondern es gibt innere Gründe.

Und das bringt mich zum Thema Werte. Der Begriff „Wert“ bedeutet so viel wie „Kraftquelle“. Und so wie es trübe Quellen und klare Quellen gibt, muss ich mich fragen: Habe ich trübe oder klare Quellen in mir? Die inneren Gründe für einen Burn-out speisen sich aus trüben Quellen, Perfektionismus zum Beispiel. Natürlich soll alles seine Ordnung haben. Und natürlich soll es möglichst gut werden. Aber man muss auch wissen, was man sich zumuten kann, denn auf Dauer macht Perfektionismus krank.

Das eigene Maß zu erkennen, kann jedoch auch bedeuten, dass man die eigenen Grenzen nicht nur ausschöpft, sondern auch mal überwindet. Während meiner Lehre als Speditionskaufmann hat mich mein Ausbilder herausgefordert, indem er mir die Verantwortung für den punktgenauen Transport von 35 Binnenschiffen übertragen hat – ich selbst hätte mir diese Aufgabe niemals freiwillig ausgesucht. Ich bin über meine Grenzen gegangen und es hat funktioniert. Letztlich erkenne ich mein Maß nur, wenn ich es wage, auch mal meine Grenzen zu überschreiten.

Das eigene Maß zu erkennen, zu lernen, sich selbst richtig einzuschätzen, das hat auch etwas mit dem Selbstbild zu tun. Das Bild, das man von sich hat – das kann eine klare Quelle sein oder eine trübe, die krank macht. Sieht man nur die eigenen Defizite oder das Entwicklungspotenzial? Hat man möglicherweise ein überzogenes Selbstbild? Menschen mit einem überzogenen Selbstbild können ebenso schnell in eine Depression verfallen wie Menschen mit einem negativen Selbstbild. Denn ihr Selbst speist sich aus einer trüben Quelle.

Das eigene Maß zu erkennen bedeutet auch, das eigene Zeitmaß, den eigenen Rhythmus zu finden. Jeder hat sein *tempus*, wie der Psychologe C. G. Jung sagt: Wir haben einen Biorhythmus, aber auch unseren persönlichen Rhythmus.

Ich habe einmal einen sehr intelligenten und begabten Menschen, der Latein, Englisch, Französisch – alles gleichzeitig und zu meinem Erstaunen alles gleichermaßen gut – lernte, gefragt: „Wie machst du das?"

Er sagte mir: „Ich lerne in jedem Fach immer nur eine halbe Stunde. Ich lerne nie zwei Stunden Vokabeln, sondern eine halbe Stunde Latein, eine halbe Stunde Englisch, und zwischendurch mache ich noch etwas ganz anderes."

Nicht zuletzt gehören Rituale zum Maß aller Dinge. Ich kann sie zunächst einmal für mich selbst pflegen: Riten entwickeln, in denen ich eine „geheiligte“ Zeit habe, die mir gehört, in der ich lebe und nicht gelebt werde.

Das bedeutet auch, Türen zu schließen. Mein Nachhauseweg führte mich immer zwanzig Minuten mit dem Auto durch den Welzheimer Wald und an einer Müllkippe vorbei. An der Müllkippe fuhr ich häufig etwas langsamer, schüttelte kurz mit der Schulter – und warf so buchstäblich allen Ballast dort ab. Wenn ich dann zu Hause ankam, schloss ich hinter mir die Tür, und die Welt blieb draußen.

Das war nicht immer so. Es gab auch Zeiten, in denen ich nach Hause gekommen bin, und meine Frau wollte sich mit mir unterhalten, bis sie plötzlich fragte: „Bist du eigentlich da? Ich habe den Eindruck, ich rede zwar mit dir, aber du bist noch im Büro.“ Auch Sonntagmittags haben meine Kinder oft gesagt: „Papa, es ist zwölf Uhr dreißig, bei Hühnerbeins wird Mittag gegessen! Du bist nicht im Büro, nicht auf der Kanzel – du bist jetzt hier!“

Ja, es muss Zeiten geben, in denen wir die Türen öffnen. Doch wenn wir nur mit geöffneten Türen leben, gibt es Durchzug. Und was ist die Folge von Durchzug? Wir werden krank. Deshalb müssen wir die Fähigkeit entwickeln, Maß zu halten, Rituale zu entwickeln und Türen bewusst zu schließen.

Rituale sind nicht nur für mich und meine Familie wichtig, sondern auch für mein Umfeld. Wenn wir ständig sagen: „Ach, Nachbarschaftstreffen, Teamausflüge, Weihnachtsfeiern, für so was haben wir keine Zeit …“, rächt sich das. Ich kannte einen Unternehmer, dem irgendwann auffiel, dass in seinem Betrieb etwas verloren gegangen war: die Leichtigkeit im Umgang miteinander, der soziale „Kitt". Um ihn wiederzugewinnen, führte er Sozialabende ein – zu denen jedoch kein Mensch kam. Es ist wichtig, auch zu feiern. Die Bayern behaupten, sie seien wirtschaftlich so erfolgreich, weil sie die meisten Feiertage haben. Vielleicht ist da tatsächlich etwas dran.

Neben den Feier-Ritualen gibt es die kleinen Rituale, die ebenso wichtig sind. Ich habe meiner Sekretärin selten geschrieben; aber einmal im Jahr hat sie von mir einen ausführlichen, persönlichen Brief bekommen – zu ihrem Geburtstag. Darin habe ich – mit der Hand – alles festgehalten, was ich an ihr wertschätze und wofür ich ihr dankbar bin: dass sie mir sagt, wenn ich dabei bin, mich zu verzetteln, dass sie mich bremst, wenn ich mir zu viel vornehme … Sie hat alle diese Briefe aufgehoben.

Die ursprüngliche Bedeutung des Begriffes „Maß" geht zurück auf *mensura*, das war das Getreidemaß, ein Gefäß, mit dem man misst, das etwas begrenzte und handhabbar machte. Geht es in unserem Leben nicht genau darum? Den Umgang mit diesem „Gefäß" zu lernen: zu erkennen, wie viel es fassen kann und wann es überläuft, wann es geleert werden und wann es noch nicht ausgeschöpft ist, wofür es gemacht ist und wann es zerbricht?

Das eigene Maß zu finden heißt aber zuerst: liebevoll dieses Gefäß annehmen und dem Schöpfer danken. Denn: *„Hat nicht der Töpfer Macht über den Ton, aus demselben Klumpen ein Gefäß zu ehrenvollem und ein anderes zu nicht ehrenvollem Gebrauch zu machen?"* (Römer 9,21). Und was ist der ehrenvolle Gebrauch des Gefäßes? Der beginnt bei den klaren und nicht bei den trüben Quellen …

An die Zukunft erinnern

Anlässlich eines runden Geburtstags wurde ich von einem meiner Gäste gefragt: „Woran erinnerst du dich am liebsten?“

„An die Zukunft“, antwortete ich.

Er schaute mich ungläubig an. „Nein, ich meinte: Woran denkst du am liebsten zurück?“

„Doch, doch“, sagte ich, „an die Zukunft. Denn in meinem ganzen Leben hatte Erinnern immer etwas mit Zukunft zu tun.“

Meine Mutter erinnerte mich als Kind daran, in der Schule fleißig zu lernen, damit ich später einen Beruf erlernen konnte, der mir Freude bereitete. So hat sie mich an die Zukunft erinnert. Um nach meinem Studium beruflich das machen zu können, was ich wollte, musste ich mich mal mehr, mal weniger anstrengen. Da habe ich mich wieder – inzwischen erwachsen – an meine Zukunft erinnert.

Wieso hat Erinnern etwas mit Zukunft zu tun? Das ist ganz einfach – und auch biblisch. In der Bibel lesen wir: *„Heute, wenn ihr seine Stimme hört …“* (Hebräer 3,15). Also ist heute der entscheidende Tag, an dem ich aufbreche und starte. Und wenn Jesus Christus sagt: *„Ich bin der Weg und die Wahrheit und das Leben“* (Johannes 14,6), dann denkt er dabei nicht an die Vergangenheit. Es ist ein zukunftsgerichtetes Wort. „Ich bin der Weg“ – das ist der zukünftige Weg.

„Ich bin die Wahrheit" – auf die du dich in Zukunft verlassen kannst. Und „Ich bin das Leben" – nicht nur im Hier, Heute und Jetzt, sondern auch in Zukunft, und für einen wiedergeborenen Christen gilt das noch in Ewigkeit.

Dass wir beim Erinnern einen Bedeutungswandel vorgenommen haben, liegt wohl darin begründet, dass der Mensch dazu neigt, eher in der Vergangenheit zu leben. „Als ich noch berufstätig war", „Als die Kinder noch zu Hause waren" – wer so redet, ist in der Vergangenheit verhaftet. Und wer in der Vergangenheit verhaftet ist, hat keinen Blick für die Zukunft.

Manche sagen vielleicht: Aber das Neue Testament ist auch vergangenheitsorientiert, denn seine Botschaft besagt ja, dass ich Schuld und Sünde hinter mir lassen und am Kreuz ablegen kann. Doch wenn ich diese Last von Schuld, Sünde und Versagen abwerfe, dann tue ich das nicht, um meine Vergangenheit aufzuräumen, sondern um ein neues „Ja" für die Zukunft zu finden. Wenn ich loslasse, was mich bindet und belastet, wenn ich mich entscheide, einen Neuanfang zu wagen, dann erinnere ich mich an meine Zukunft.

In schlaflosen Nächten kann man über Neuanfänge nachdenken. Darüber, was man zukünftig machen möchte, nächste Woche oder schon am nächsten Morgen. Das wird vielleicht dazu führen, dass du nicht wieder einschlafen kannst. Aber wenn daraus ein sinnvolles Tun erwächst, dann ist das wie ein nächtliches Durchatmen.

An die Zukunft erinnern heißt auch: Welche Erinnerungen habe ich an meine Zukunft nach dem Tod? Und kann ich Menschen auf diesen Erinnerungsweg mitnehmen?

Man sagt ja: Pfarrers Kinder, Müllers Vieh geraten selten oder nie. Ich tue mich in meiner Funktion als Pfarrer mit meinen eigenen Kindern auch sehr schwer. Aber ich erinnere mich immer wieder, dass mir ihre geistliche Zukunft ein Anliegen sein sollte. Auch wenn ich dafür manchmal innere Hürden überwinden muss. Hat man jedoch diese Hürden überwunden, ist es, als würde eine Schranke hochgekurbelt: Man hat auf einmal freie Fahrt für die Themen, die für das eigene Leben und das der Kinder und Enkelkinder wichtig sind.

Nimm bei deiner Erinnerungsreise an die Zukunft, der Frage, was im Tod oder danach sein soll, deine Kinder, Enkelkinder, Freunde, Verwandte, Nachbarn oder Arbeitskollegen einfach mal mit. Lade sie ein, mit dir darüber zu reden. „Das ist aber schwer – ich bin doch kein Theologe!", wirst du vielleicht einwenden. Nein, schwer ist nur der erste Satz. Wenn der einmal gesagt ist, tun sich Türen und Tore auf.

Von meiner Schwiegermutter habe ich viel gelernt. Der wichtigste Satz, den sie mir mitgegeben hat, ist der: „Mit Gott geht man immer vorbereitete Wege." Das gilt für das Anfangen, das Loslassen und für das Erinnern.

Auf Augenhöhe

Alles wirkliche Leben ist Begegnung", sagte der Philosoph Martin Buber. Und er hatte recht. Wenn ich überlege, welche Schlüsselerlebnisse es in meinem Leben gab, dann waren das Begegnungen mit Menschen. Intensive, manchmal auch kurze Begegnungen, die mich geprägt und verändert haben.

Die nachhaltigste war die Geburt des ersten Kindes. Sie hat mir nicht nur schlaflose Nächte gebracht, sondern auch die Erfahrung geschenkt, eine neue Rolle einzunehmen; über mich, der ich bis dahin war, hinauszuwachsen in die Rolle eines Vaters.

Alles wirkliche Leben ist Begegnung. Manchmal folgen daraus angenehme und positive Veränderungen, oft können solche Veränderungen aber auch Anstrengung bedeuten. Nicht jedem fällt es leicht, alte und gewohnte Bahnen zu verlassen und sich auf etwas Neues einzulassen. Aber immer haben Begegnungen eines zur Folge: Sie konfrontieren uns mit uns selbst. „Der Mensch wird am Du zum Ich", auch dieser berühmte Satz stammt von Martin Buber.

Unsere prägendsten Erfahrungen haben wir durch unsere ersten Begegnungen mit einem Du gemacht – mit der Mutter, dem Vater, Großeltern und Geschwistern. Wie haben sie uns behandelt, mit uns geredet? Sind sie uns liebevoll begegnet, uns sehend und wahrnehmend – oder von oben herab, über unseren Kopf hinweg? Oder haben sie uns auf einen Sockel gehoben und uns glauben lassen, wir wären die Größten?

Unser Leben ist eine Folge von Begegnungen – angefangen von diesen ersten Erfahrungen. Später sind die nachhaltigsten Begegnungen vielleicht gerade die, in denen uns ein Du mit unserem Ich konfrontiert, das wir im tiefsten Inneren wirklich sind. Nicht was wir sein sollen oder sein möchten, sondern was wir wirklich sind. Das sind die Begegnungsgeschichten auf Augenhöhe.

Eine solche Begegnungsgeschichte ist auch die Begegnung des Zolleinnehmers Zachäus mit Jesus, von der das Lukasevangelium berichtet (Lukas 19,1-10): *„Jesus kam nach Jericho; sein Weg führte ihn mitten durch die Stadt.“* Wie aus dem Nichts taucht der Zöllner Zachäus auf, der oberste Zolleinnehmer der damals wichtigen Grenz- und Zollstation Jericho. Warum Jesus ausgerechnet nach Jericho unterwegs war, wissen wir nicht, aber wir erfahren, was seine Mission war: Menschen zu begegnen, *„um zu suchen und zu retten, was verloren ist“*.

Diesen Jesus wollte der Zöllner Zachäus unbedingt sehen. Vielleicht wollte er nur von Weitem einen Blick auf den Mann werfen, von dem so viel erzählt wurde und von dem es sagenhafte Geschichten und Wunderberichte gab. Aber es muss mehr als nur Neugierde gewesen sein – es drängte Zachäus regelrecht, Jesus zu sehen. Für einen Zolleinnehmer war dies allerdings ein schwieriges Unterfangen. Denn er arbeitete für die römische Besatzungsmacht und war gesellschaftlich nicht gut angesehen. Und weil Zachäus auch noch in dem Ruf stand, mehr einzunehmen als nötig und sogar in seine eigene Tasche zu wirtschaften, musste er Ablehnung und Spott fürchten, wenn er sich unter die Menge der Schaulustigen begab.

Da er zudem recht klein war, kletterte er auf einen Maulbeerfeigenbaum, der sehr viele Blätter hatte und ihm ein gutes Versteck bot. Und dann passierte das Erstaunliche: Als Jesus kam, blieb er genau bei jenem Maulbeerfeigenbaum stehen, schaute nach oben und entdeckte Zachäus. Doch er redete nicht einfach von unten zu ihm herauf, sondern forderte ihn auf: *„Zachäus, komm schnell herunter!"* Und damit nicht genug – Jesus wollte ihn sogar besuchen: in sein Haus kommen, bei ihm einkehren.

Aus dem Blickwinkel von Jesus könnte man die Geschichte so erzählen: Er war auf dem Weg nach Jericho, aber als er Zachäus entdeckte, scheint es, als wäre er genau seinetwegen hierhergekommen. Da ist ein Mensch, der ihn unbedingt sehen wollte. Und Jesus blieb nicht nur stehen, sondern ging auf Zachäus zu und sagte: *„Zachäus, komm schnell herunter!"* Er wollte Zachäus auf Augenhöhe begegnen.

Für die Leute in Jericho war das ein unglaubliches Geschehen. Wie konnte Jesus zu diesem „Sünder", wie sie Zachäus nannten, gehen und mit ihm Tischgemeinschaft – zur damaligen Zeit die größte Ehrerbietung – halten? Die Menschen, die das sahen und hörten, waren neidisch und gönnten es Zachäus nicht. Womöglich waren sie überzeugt, Jesus passe viel eher zu ihnen als zu einem verrufenen Zöllner.

Jesus wandte sich aber nicht an die Menge, er redete zu keinem Kollektiv, sondern sprach Zachäus als Individuum, ihn ganz persönlich an: *„Ich muss heute in deinem Haus zu Gast sein."* Und Zachäus spürte: Jesus will in meinem Haus, in meinem Herzen wohnen.

Für Zachäus war dies nicht nur eine Begegnung mit dem geistlichen Promi der damaligen Zeit, sondern eine Lebensveränderung, ein Neustart. Denn Jesus verurteilte ihn im

Gegensatz zur Menge nicht als Sünder, er belächelte ihn nicht als kleinen armseligen Mann, der anderen Geld wegnehmen muss, um sich groß zu fühlen, sah in ihm nicht, was er sein sollte oder selbst sein wollte – sondern er begegnete ihm auf Augenhöhe und sprach ihm ins Herz.

„Der Mensch wird am Du zum Ich": Mit Jesus begegnete Zachäus sich selbst und seinem tiefsten Innern. Er konnte seine Schuld und sein Versagen erkennen. Er konnte bereuen, was er getan hatte, und sein Entschluss, es wiedergutzumachen, war die Entscheidung: Ich will umkehren und meinen Weg mit Jesus gehen.

„Der heutige Tag hat diesem Haus Rettung gebracht", sagte Jesus am Schluss dieser Begegnungsgeschichte. *„Und der Menschensohn ist gekommen, um zu suchen und zu retten, was verloren ist."*

Für mich ist diese Begegnung zwischen Zachäus und Jesus Vorbild für mein seelsorgerliches Handeln: die Not von Menschen sehen, sie aufsuchen und ihnen auf Augenhöhe begegnen; bei ihnen bleiben, mit ihnen Gemeinschaft haben und ihnen von Jesus Christus erzählen.

Da, wo Menschen Jesus begegnen, in diesen Begegnungen auf Augenhöhe, geschieht etwas: Wir fühlen uns als ganzer Mensch. Wir spüren Zuneigung und Liebe, Wertschätzung und Respekt, die Wirklichkeit Gottes. Das schenkt uns Kraft, Halt, Mut, Zuversicht und Orientierung. Und wenn Zachäus durch diese Begegnung einen Neubeginn gefunden hat, warum sollte uns das nicht auch gelingen?

Den Besseren suchen

Gerechtigkeit beginnt nicht mit der Etablierung bestimmter Strukturen oder der Frage, wie ich anderen gerecht werde. Gerechtigkeit beginnt damit, dass ich mir selbst gerecht werde. In der Bergpredigt im Matthäusevangelium heißt es: *„Selig sind, die da hungert und dürstet nach der Gerechtigkeit; denn sie sollen satt werden"* (Matthäus 5,6). So wie ich mir selbst gerecht werde – in meinem Leib, meinem Geist, meiner Seele und meiner Einmaligkeit –, so kann ich auch anderen gerecht werden.

Wer sich dagegen selbst nicht gerecht wird, läuft Gefahr, sich zu überschätzen und für unentbehrlich zu halten – und dabei andere zu entwerten. Ein wichtiger Grundsatz war für mich deshalb immer: Mach dich nicht von einzelnen Menschen abhängig. „Ohne den geht's nicht" – so weit sollte es nie kommen.

Vom Balkon meines Büros konnte man auf einen Friedhof schauen. Mit so manchem Kollegen bin ich auf diesen kleinen Balkon gegangen, habe mit ihm hinuntergeschaut und zu ihm gesagt: „Siehst du: Da liegen lauter Unentbehrliche …" Wer sich für unersetzlich hält, überschätzt nicht nur sich selbst, sondern vor allem unterschätzt er andere. Menschen können viel mehr leisten und lernen, wenn sie auch Gelegenheit dafür erhalten.

In Personalgesprächen habe ich nie vergessen, den Bewerbern diese eine Frage zu stellen: „Was würde uns entgehen, wenn wir Sie nicht einstellen?" Einmal hatten meine Mitarbeiter – das habe ich erst viel später erfahren – einen Bewerber vorgewarnt: „Da musst du dem Hühnerbein sagen, dass du besser bist als er! Denn der will nur Leute, die mehr können als er." Wenn man solche Menschen findet, kann eine Dynamik entstehen und das Ganze wachsen. Sich selbst gerecht werden heißt eben nicht, selbstgefällig zu sein; sondern sich selbst wird man gerecht, wenn man auch die eigenen Grenzen kennt und respektiert. Deswegen warne ich vor „Bewunderungszwergen", die immer nicken und sich beliebt machen wollen. Solche Bewunderungszwerge bringen weder ein Unternehmen noch eine Gemeinde oder Organisation oder sonst irgendetwas voran, sie rauben bloß Energie.

Will man sich und anderen gerecht werden, und will man, dass es in der Gesellschaft halbwegs gerecht zugeht, muss man sich fragen: Haben wir Menschen, die die Karre ziehen, oder haben wir nur lauter Leute, die an der Seite mitlaufen? Oder gar welche, die lediglich auf der Karre sitzen und sich von anderen ziehen lassen? Nur wenn man das kritisch im Auge behält, kann man jedem gerecht werden.

Aber eines sollten wir uns auch verdeutlichen: Es gibt keine absolute Gerechtigkeit. Wir können immer nur nach Gerechtigkeit streben. Wenn man die absolute Gerechtigkeit will, kann es einem so gehen wie Michael Kohlhaas in der gleichnamigen Novelle von Heinrich von Kleist: Dieser wurde vor lauter Gerechtigkeitswahn am Ende zum Mörder.

Bilder anschauen

Jemand, der eine der steilsten Karrieren der Weltgeschichte hingelegt hat, wird wohl viel erlebt haben. Auf seinem Weg vom Hirtenjungen zum König über ganz Israel konnte David ein Lied davon singen. Und das hat er auch getan – als Liedermacher, Lyriker und Gebetschreiber. Aber er tat dies nicht, um sich selbst zu feiern, sondern um den Blick immer wieder auf Gott zu richten. Denn David war nicht nur erfolgreicher Feldherr, Politiker und Poet, sondern auch ein Sünder. Und als König wollte er sein Volk erinnern, an Gottes Seite zu bleiben. Wie schwer das ist, hatte er in seinem bewegten Leben selbst erfahren.

Vieles davon ist in seinen Liedern und Gebeten verewigt. Es sind Geschenke an sein Volk, ein Schatz an Bildern, der die Menschen reich machen soll. Sie sollen ihnen helfen, ihre vielleicht verloren gegangene Beziehung zu Gott wieder neu entstehen zu lassen – indem sie den Menschen zeigen, wie Gott zu uns ist. Bis heute wirken diese Bilder fort: Sie bringen uns Gott ganz nah.

Ich bin David sehr dankbar für diese Vielfalt an Bildern und lasse mich von ihnen immer wieder neu an Gottes Seite einladen.

Da ist das Bild vom Felsen: Gott als der feste Grund, auf den David sein Leben bauen konnte. Ein Leben, in dem er Großes erreicht hat – was ihm vermutlich in einer wackeligen

Hütte auf Sand nicht gelungen wäre: Die nächste Flut hätte den Sand davongespült, der Sturm die Hütte zerstört.

Oder nehmen wir das Bild vom Adler, der seine Flügel ausbreitet und die Jungen unter seine Fittiche nimmt. Da zeichnet David Gott als die über uns schwebende Schutzmacht unseres Lebens.

Das eindrücklichste Bild Gottes aber war für David, den einstigen Hirtenjungen, das Bild des guten Hirten:

„*Der Herr ist mein Hirte, mir wird nichts mangeln. Er weidet mich auf einer grünen Aue und führet mich zu frischem Wasser. Er erquicket meine Seele. Er führet mich auf rechter Straße um seines Namens willen. Und ob ich schon wanderte im finstern Tal, fürchte ich kein Unglück; denn du bist bei mir, dein Stecken und Stab trösten mich. Du bereitest vor mir einen Tisch im Angesicht meiner Feinde. Du salbest mein Haupt mit Öl und schenkest mir voll ein. Gutes und Barmherzigkeit werden mir folgen mein Leben lang, und ich werde bleiben im Hause des Herrn immerdar.*“

Es lohnt sich, die Bilder dieses Psalms 23 genauer anzuschauen und ihre Linien nachzuzeichnen.

Da ist das Bild von der „*rechten Straße*“. Auf der rechten Straße habe ich Gott an meiner Seite. Oder besser noch: Wenn ich Gott oder Jesus Christus in meinem Herzen trage, dann führt mich dies auf die rechte Straße. Jenseits dieser Straße bleibe ich ein Suchender, irrlichternd, immer gefährdet, abzugleiten und zu straucheln. Wenn wir unser Leben im Namen Gottes führen, gestalten und planen, in schwierigen wie in schönen Zeiten, dann bleiben wir auf dem rechten Weg und kommen nicht auf Abwege.

David war ein Mann nach dem Herzen Gottes – obgleich in seinem Leben einiges schräg gelaufen ist, es Leid und Niedergeschlagenheit gab. Er hat viel Unrecht getan und Menschen geschädigt, ja, sogar manches Leben auf dem Gewissen. Und dennoch war David ein Mann nach dem Herzen Gottes: weil er trotz all seiner Abwege immer wieder den Weg zurück zu Gott gesucht hat. Er hat sich darauf besonnen, wo er Trost und Zuversicht findet – und so seine Beziehung zu Gott wiedergefunden.

Und dann gibt es in Davids Psalm das Bild von den *„grünen Auen"* und dem *„frischen Wasser"*. Man findet eine solche Landschaft nur selten in Israel, wo es eher trocken ist. Alles, was die Menschen dort brauchen, ist Wasser, und was sie sich wünschen, sind grüne Auen. Wenn David von den grünen Auen und dem frischen Wasser redet, knüpft er an den Anfang seines Gebetes an: *„Die Elenden sollen essen, dass sie satt werden"* (Psalm 22,27). Damit meint er jedoch nicht die physische, sondern die geistliche Nahrung.

Wir sagen gern, „der Mensch ist, was er isst", dabei denken wir natürlich an unseren Körper und die gesunde Ernährung. Aber gilt dieser Satz nicht genauso für unsere Seele? Womit ernähren wir sie? David erinnert uns: Wenn ich mich Gott zuwende, weidet er mich *„auf einer grünen Aue und führet mich zu frischem Wasser. Er erquicket meine Seele."* Es ist Gottes Nähe, die unserer Seele guttut. *„Kommt her zu mir, alle, die ihr mühselig und beladen seid; ich will euch erquicken"*, sagt uns auch Jesus (Matthäus 11,28).

In dem Psalm von David gibt es allerdings nicht nur schöne Bilder. *„Und ob ich schon wanderte im finstern Tal"* – wörtlich übersetzt „Tal des Todesschattens" – solche Täler tun sich immer da auf, wo Menschen ihre Eigenwilligkeiten leben.

Und doch hat dieses Tal des Todesschattens für David nichts mit Niedergeschlagenheit zu tun, auch nichts mit Depression oder Angst. Er sagt: *„Und ob ich schon wanderte im finstern Tal, fürchte ich kein Unglück, denn du bist bei mir.“* Auch wenn sein Weg ihn in das Tal des Todeschattens führt, hat er die Gewissheit der Gegenwart Gottes. Er blendet die Schattenseiten des Lebens nicht aus, aber lässt dabei seine Seele auch nicht am Boden schleifen, sondern weiß: Wenn ich durch dieses Tal gehen muss, ist Gott an meiner Seite.

„Dein Stecken und Stab trösten mich“, sagt David weiter in seinem Psalm. Ein solcher Hirtenstab, wie ihn David hier meint, ist nicht dazu da, um sich darauf abzustützen oder auszuruhen. Stab und Stecken hat der Hirte in der Hand, um die Schafe in der Spur zu halten. *„Dein Stecken und Stab trösten mich“*, das ist die Zusage Gottes, die uns an seiner Seite, in der Spur hält, uns den Weg auch durchs Dunkel weist. Mit dem Bild von Stecken und Stab hat David eine besondere Trostbotschaft für uns: Wenn man diesen Hirtenstab nimmt und den Stecken davorhält, ergibt dies ein Kreuz. Das Kreuz Jesu Christi.

Es gibt in Davids Psalm aber auch ein Bild, mit dem ich meine Schwierigkeiten habe: *„Du bereitest mir einen Tisch im Angesicht meiner Feinde … und schenkest mir voll ein.“* Im Angesicht meiner Feinde brauche ich alles andere, denke ich da, nur keinen gedeckten Tisch! In der Gegenwart meiner Feinde schnürt es mir eher die Kehle zu, als dass ich Lust auf Essen und Trinken hätte. Was meint dieses Bild?

Selbst im Angesicht des Feindes versorgt uns Gott, er lässt uns nicht hungern oder verdursten. Dabei kann das Feindliche sehr unterschiedlicher Gestalt sein. Feinde können Menschen sein, die es nicht gut mit mir meinen. Mein Feind kann eine Krankheit sein. Wer oder was es auch ist – David ermutigt sein

Volk: Keine Sorge, wenn du von deinen Feinden umzingelt bist, dann deckt dir Gott den Tisch und versorgt dich.

Es gibt auch etwas, das in Davids Psalm auf den ersten Blick zu fehlen scheint – etwas, das für mich wesenseigen ist für ein Hirtenamt: Das sind die Hunde. Ein Hirte braucht sie, wenn seine Schafe durcheinanderlaufen oder vom Weg abkommen. Dann gibt er den Hunden ein Zeichen, sie jagen los und treiben die Schafe wieder zusammen und auf den richtigen Pfad. Bei David gibt es keine Hunde – aber etwas anderes: *„Gutes und Barmherzigkeit werden mir folgen mein Leben lang."* Gott schickt uns nicht kläffende und beißende Hunde an die Hacken, sondern er verfolgt uns mit Gutem. Gottes Führungs- und Leitungsanspruch geht nicht mit Angst und Bedrohung einher, sondern Gott schickt Barmherzigkeit in mein Leben. Ist das nicht eine wunderbare Vision?

„Und ich werde bleiben im Hause des Herrn immerdar", sagt David am Schluss seines Psalms. Für mich ist dieses Haus keine zukünftige Größe. Ich lebe schon jetzt in der Ewigkeit. Das Einzige, was zwischenzeitlich noch passiert, ist der Tod. Den sollten wir aber gar nicht so wichtig nehmen. Das Einzige, was wir dem Tod schuldig sind, ist, dass wir sterben müssen. Wenn wir dann gestorben sind, geht unser Leben im Haus des Herrn weiter, nur eben anders. Wir werden *„bleiben im Hause des Herrn immerdar"*.

David hat uns all diese Bilder geschenkt, damit wir sie uns anschauen und uns von ihnen trösten und ermutigen lassen – aber nicht, um sie dann wie in einem Album wieder verschwinden zu lassen, das dann alle Jubeljahre mal aus dem Schrank gezogen wird. Wir sollen diese Bilder in uns aufnehmen, mit ihnen leben und vor allem: Wir sollen sie den Menschen um uns zeigen und ihren Reichtum teilen.

Ein Engel sein

Engel haben Hochkonjunktur. Und das nicht nur zur Weihnachtszeit. Sie begegnen uns in den vielfältigsten Formen, in den unterschiedlichsten Läden. Da gibt es Schutzengel, Engel der Freundschaft, der Weisheit, Friedensengel, Engel der Hoffnung, Engel des Glaubens, des Segens und, und, und …

Und ich scheine auch mit einem Engel verheiratet zu sein, denn in unserer Küche ziert ein Blechschild mit der Aufschrift „Weil Engel nicht überall sein können, gibt es Menschen wie dich" die Wand.

„Dich schickt der Himmel!", rufen wir begeistert, wenn uns die Last des Alltags zu erdrücken droht – und dann jemand kommt und uns eine helfende Hand reicht. Wie wohltuend ist es, wenn es Menschen gibt, die uns im Blick haben; die Hilfe anbieten oder einfach machen, was nottut.

Ich denke da an die Familien, die als Kriegsflüchtlinge aus der Ukraine zu uns nach Deutschland gekommen sind. Sie haben die Schreckensbilder des Krieges vor Augen, entwurzelt und vertrieben aus ihrer Heimat sollen sie hier neu anfangen. Da gibt es viel zu tun. Der Weg zum Arbeitsamt, zum Sozialamt, zum Einwohnermeldeamt, ein Girokonto muss eingerichtet werden – und das alles in einer fremden Sprache. Wenn dann einer da ist, der sagt: „Ich komme mit!" – was für eine Erleichterung.

Wer auf den anderen zugeht und dabei dessen Nöte in den Blick nimmt, wer aus dem Sehen auch ein Tun werden lässt, baut Brücken des Verstehens. So wachsen aus dem Blick für den anderen Beziehungen und aus Beziehungen vielleicht Freundschaften.

Paulus hatte diesen Blick für die Gemeinde in Korinth. Da gab es keine ukrainischen Flüchtlinge, keine Asylsuchenden, aber es stellten sich neben den christlichen und geistlichen Fragen viele Fragen des Zusammenlebens. Paulus gab der Gemeinde deshalb einen Leitspruch: *„Niemand suche das Seine, sondern was dem andern dient"* (1. Korinther 10,24). Was dem anderen dient – wer dieser Prämisse folgt, überwindet seinen Egoismus, öffnet den Blick und sein Herz für den anderen.

Früher gab es bei mir in der Jugendarbeit den Spruch „Jeden Tag eine gute Tat!". Heute würde man vielleicht eher fragen: Wie kann ich dem anderen ein Engel sein?

Zum Motivationstraining gehen

Ich habe Speditionskaufmann in einem Schifffahrtsunternehmen mit 220 Binnenschiffen gelernt. Mein erstes großes Projekt als 18-Jähriger war es, 35 Binnenschiffe mit Mehl zu beladen und pünktlich an einen Überseefrachter in Hamburg zu übergeben. Es war Winter, man musste mit Schnee und Eis rechnen, gleichzeitig bei den Wasserstraßen darauf achten, wie hoch der Wasserstand war, damit man die Schiffe nicht etwa zu stark belud. Man musste jederzeit eine Alternative parat haben – aber mein Chef sagte: „Das machst du jetzt mal!"

Und wie hat er mich motiviert? Er hätte anmerken können: „Das ist unser erster Auftrag vom Ministerium für wirtschaftliche Zusammenarbeit!" Er hätte mich auch ermahnen können: „Wenn du das vergeigst und wir in Hamburg für einen Überseedampfer Liegegebühren aufgebrummt bekommen, dann geht unser Profit den Bach runter, weil du nicht richtig gearbeitet hast!"

Das alles aber hat er nicht gesagt. Stattdessen erklärte er mir: „Du bist jetzt dafür verantwortlich, dass das Mehl punktgenau bei diesem Überseedampfer ankommt, damit es in die Entwicklungsländer geliefert werden kann." Damit war für mich alles klar.

Statt einer Drohung im Rücken – was es für das Unternehmen bedeuten könnte, wenn dieser Auftrag schiefging – hatte ich eine tolle Motivation: dass Menschen, die hungern, etwas zu essen bekommen. Das hat mich morgens Punkt vier Uhr aufstehen lassen, um die Wasserstandsmeldungen zu prüfen, mich um die Organisation von Lkws zu kümmern, falls die Wasserstraßen zufrieren sollten … Ich war hoch motiviert – weil mein Chef mir für dieses Projekt einen Sinn gegeben hat.

Später, im Laufe meines Berufslebens, habe ich diese Erfahrung weitergegeben und bei Absprachen und Arbeitsaufträgen immer auf eines geachtet: Die Mitarbeitenden müssen wollen, was sie sollen!

Und wann wollen Menschen? Wenn sie in dem, was sie tun, einen Sinn erkennen. Dieser Sinn erschließt sich am ehesten dann, wenn das Wollen mit einem Willen zusammenfällt, der nicht Zwängen entspringt, sondern dem eigenen Herzen. Wenn Gott mir eine Aufgabe ans Herz legt, diese mir tatsächlich zu einem Herzensanliegen wird, ist das für mich eine viel größere Motivation, als wenn ich nur dem Chef gehorche. Das hätte eher etwas mit Müssen und Sollen zu tun. Und Müssen und Sollen erzeugen – im Gegensatz zum Wollen – nicht selten Stress. Spätestens, wenn dann der Körper rebelliert und mit Burn-out oder Tinnitus reagiert, stellt sich die Frage nach dem Sinn: Was soll das alles?

Deshalb lieber regelmäßig zum Motivationstraining gehen: das Motiv für das eigene Tun erkennen und fragen, was dem Willen Gottes entspringt. *„Ihr könnt nicht Gott dienen und dem Mammon"*, so lesen wir das im Matthäusevangelium (Matthäus 6,24). Dem Willen Gottes entsprechen – das gilt für meinen hauptamtlichen Dienst, aber auch für mein Ehrenamt. Das gilt für meine Arbeit in der Firma, aber auch für mein Engagement in der Gemeinde.

Mal Kante zeigen

Es gibt ein wunderbares Theaterstück von Friedrich Dürrenmatt aus den frühen Fünfzigerjahren: „Herkules und der Stall des Augias". In diesem Stück beklagen die Verantwortlichen einer Stadt, wie um sie herum alles vermüllt, im Dreck versinkt. Sie wollen den stärksten Mann des Landes, Herkules, holen. Er soll die Stadt von Mist und Unrat befreien. Dann, so ihre Hoffnung, kämen die Kulturschätze, die darunter verborgen sind, zum Vorschein und würden der Stadt wieder zu Würde und Ansehen verhelfen.

Für mich war dieses Stück ein Schlüsselerlebnis. Es führte mich direkt zu der Frage: Wenn ich als Christ mich für christliche Werte einsetze – habe ich da vielleicht auch eine Art Herkulesaufgabe? Stehen wir nicht wie der Herkules in dem Stück von Dürrenmatt auch vor der Aufgabe, die christlichen Werte freizulegen, sie sichtbar zu machen? Doch leider sind manche fröhlichen Christenmenschen ein bisschen „sprachunfähig". Sie können nicht mehr in Worte fassen, was Inhalt, Sinn und Zweck dieser Werte ist – wie der Schatz heißt, den es zu bergen gilt. Sie reden von Nächstenliebe, Gerechtigkeit – das gibt es in anderen Religionen und Weltanschauungen auch. Was aber ist ein typisch christlicher Wert? Für mich sind es diese: Demut, Feindesliebe, Vergebungsbereitschaft und Hoffnung.

Noch viel schwerer, als den Schatz zu benennen, ist es, ihn zu heben: die Werte ins Leben hineinzubringen. Zum Beispiel die Feindesliebe. Als Vater musste ich irgendwann feststellen, dass mein Sohn die Durchsetzungskraft seiner Faust als sein wichtigstes Werkzeug betrachtete. Dies führte unweigerlich dazu, dass er nicht von allen Kindern in gleicher Weise gemocht wurde. Also schlug ich ihm vor, eine Party zu geben und nur die Kinder einzuladen, die er nicht leiden konnte. Eine Fete für die Feinde. Er schaute mich an und mir war klar: O ja, eine echte Herkulesaufgabe!

Oder nehmen wir die Demut, auch damit tun wir uns schwer. Nichts scheint weniger in unsere Multioptionsgesellschaft zu passen als Demut. Wir können das Rad der Geschichte nicht anhalten, den Individualismus und Materialismus nicht ausbremsen. Aber wir können als Christinnen und Christen Position beziehen. Demut heißt gerade nicht buckeln, sondern Rückgrat zeigen.

Dabei muss man sich bewusst machen: Jemand, der Haltung zeigt, wird auch anecken. Als Provokateur oder als jemand, der gegensätzliche Positionen bezieht, wirst du dir unweigerlich Ärger einhandeln. Kantige Typen, die den Mut haben, Stellung zu beziehen, sind nicht mehrheitsfähig. Deswegen haben wir in vielen gesellschaftlichen Positionen nur Mittelmaß, denn das Mittelmaß ist mehrheitsfähig. Aber wenn wir über das Mittelmaß hinauswollen, brauchen wir diejenigen, die nicht resignieren, die in Wertefragen standhaft bleiben und dafür auch Gegenwind in Kauf nehmen.

Ich bin überzeugt, dass nur durch Reibung auch Reifung erfolgt. Unsere Konflikte und Niederlagen können uns deprimieren – aber wenn wir sie als Chance begreifen, machen sie uns stark. Als Christen werden wir einer Minderheit angehören – aber wir sollen Salz und Licht sein und unser Licht nicht unter den Scheffel stellen. *„Ihr seid das Salz der Erde. Wenn* *nun das Salz nicht mehr salzt, womit soll man salzen? Es ist zu nichts mehr nütze, als dass man es wegschüttet und lässt es von den Leuten zertreten*" (Matthäus 5,13). Es ist wichtig, dass Christen Verantwortung übernehmen, sich engagieren und einbringen. Wer Rückgrat zeigt, gewinnt auch Respekt. Wenn wir in unserem alltäglichen Umfeld, in der Familie, am Arbeitsplatz, in der Begegnung mit Fremden den Schatz an originär christlichen Werten freilegen und deutlich machen, was sie für die Menschen und das Gemeinwohl bedeuten, haben wir schon einiges erreicht. Also: Keine Angst vor der Herkulesaufgabe – Schultern zurück und ruhig mal Kante zeigen!

Eine Scheibe vom Brot 301

Seit 1999 ist jeder letzte Freitag im September ein ganz besonderer Ehrentag: der Tag des Deutschen Butterbrotes. Bis vor Kurzem wusste ich noch nichts von diesem Ehrentag, doch als ich in DIE WELT schaute, war dort dem Tag des Deutschen Butterbrotes eine volle Seite gewidmet. Da konnte man lesen, dass jeder Bundesbürger pro Jahr im Durchschnitt 80 Kilogramm Brot verzehrt und 94 Prozent der Bevölkerung auf ihre traditionelle tägliche Butterstulle schwören. Und es war auch zu lesen, dass es von der See bis zu den Alpen etwa 300 unterschiedliche Brotsorten in unserem Land gibt.

Aber wir haben noch eine weitere Brotsorte, über die nichts in der Zeitung stand. Das ist die Brotsorte 301, die man in keinem Bäckerladen kaufen kann und auf die man auch nur dann aufmerksam wird, wenn man in die Bibel schaut. Da sagt Jesus Christus: *„Ich bin das Brot des Lebens“* (Johannes 6,35). Was meint er mit dieser Selbstoffenbarung?

Kurz bevor Jesus diese Worte sprach, hatte er das Brot-Wunder vollbracht und mit fünf Gerstenbroten mindestens 5000 Menschen gesättigt. Wer so etwas bewirken kann, löst Neugierde aus, der zieht Leute an. Aber den vielen Menschen, die da zu ihm strömten, wirft Jesus an den Kopf: *„Ich weiß, weshalb ihr mich sucht: doch nur, weil ihr von mir Brot bekommen habt und satt geworden seid; nicht weil ihr verstanden hättet, was diese Wunder bedeuten!“* (Johannes 6,26).

Was für eine Ohrfeige für die versammelte Gemeinde! „Ihr kommt nur zu mir, weil ich euch satt gemacht habe – aber was ich euch eigentlich mit dem Brot-Wunder zeigen wollte, habt ihr überhaupt nicht verstanden." Dann fährt Jesus fort: *„Bemüht euch doch nicht nur um das vergängliche Brot, das ihr zum täglichen Leben braucht! Setzt alles dafür ein, die Nahrung zu bekommen, die bis ins ewige Leben reicht"* (Johannes 6,27). Und schließlich rief Jesus den Menschen zu: *„Ich bin das Brot des Lebens. Wer zu mir kommt, wird niemals wieder hungrig sein, und wer an mich glaubt, wird nie wieder Durst haben"* (Johannes 6,35).

Um welchen Hunger und um welchen Durst geht es da eigentlich? Es geht um den seelischen Hunger, um den geistigen Durst – die es auch in einer scheinbar satten Wohlstandsgesellschaft zu sehen und wahrzunehmen gibt. Menschen, die in wunderschönen Häusern leben, die sich immerzu neue Kleidung kaufen können, die essen wie die Fürsten – diese Menschen leiden dennoch, weil sie innerlich leer sind. Weil sie an ihren voll gedeckten Tischen geistlich verhungern. Sie brauchen etwas, das ihren seelischen Hunger stillt: Wegzehrung nicht nur für das begrenzte Leben im Hier und Heute und Jetzt, sondern Nahrung, *„die bis ins ewige Leben reicht"*.

Und wie können wir uns diese Wegzehrung vorstellen? In der Bergpredigt sagt uns Jesus: *„Darum sage ich euch: Macht euch keine Sorgen um euren Lebensunterhalt, um Nahrung und Kleidung! Bedeutet das Leben nicht mehr als Essen und Trinken, und ist der Mensch nicht wichtiger als seine Kleidung?"* Und er ermutigt die Menschen: *„Seht euch die Vögel an! Sie säen nichts, sie ernten nichts und sammeln auch keine Vorräte. Euer Vater im Himmel versorgt sie.* […] *Seht euch an, wie die Lilien auf den Wiesen blühen! Sie mühen sich nicht ab* *und können weder spinnen noch weben. Ich sage euch, selbst König Salomo war in seiner ganzen Herrlichkeit nicht so prächtig gekleidet wie eine von ihnen. Wenn Gott sogar die Blumen so schön wachsen lässt, die heute auf der Wiese stehen, morgen aber schon verbrannt werden, wird er sich nicht erst recht um euch kümmern?*" Ja, warum machen wir uns eigentlich um das tägliche Leben so viele Sorgen? Am Ende sagt Jesus: „*Setzt euch zuerst für Gottes Reich ein und dafür, dass sein Wille geschieht. Dann wird er euch mit allem anderen versorgen*" (Matthäus 6,25-33). Sucht zuerst nach dem Reich Gottes. Um nichts anderes geht es Jesus bei seinem Brot-Wunder. „Kommt zu mir – ich bin das Brot, das Gott euch geschickt hat, eure Wegzehrung, die bis ins ewige Leben genug ist." Und Menschen, die erfahren haben, wie gut dieses Brot tut, sollen davon abgeben.

Johannes Daniel Falk war ein Mensch, der diese Botschaft Jesu verstanden hat. Im frühen 19. Jahrhundert gründete er in Weimar die „Gesellschaft der Freunde in der Not". Johannes Daniel Falk war ein umtriebiger Mann, der seinen Werdegang beschrieb als „die Entwicklung aus einem Satiriker zum Dichter, aus einem Dichter zum Naturforscher, aus einem Naturforscher zum theoretischen Philosophen und Christen, aus einem theoretischen zum praktischen Christen". Als praktischer Christ gewann Falk mit der „Gesellschaft der Freunde in der Not" die wohlhabenden Leute seiner Zeit und schuf mit dem „Lutherhof" ein Rettungshaus: einen Zufluchtsort für Kinder und Jugendliche, die keine Eltern mehr hatten, die zerlumpt auf den Straßen herumlungerten, die nicht regelmäßig etwas zu essen bekamen, nichts Anständiges anzuziehen, kein Spielzeug hatten. Der „Lutherhof" bot diesen jungen Menschen ein Zuhause.

Johannes Daniel Falk, der auch der Schöpfer des Weihnachtsliedes „O du fröhliche" ist, sagte: Ein Kind braucht in seinem Leben drei Schlüssel – den Schlüssel zum Kleiderschrank, den Schlüssel zum Brotkasten und den Schlüssel zum Himmel. Im „Lutherhof" trug Johannes Daniel Falk dafür Sorge, dass die Kinder genau dies bekamen: den Schlüssel zum Kleiderschrank, den Schlüssel zum Brotkasten und den Schlüssel zum Himmel. Sie erhielten nicht nur das unmittelbar Lebensnotwendige, das „Unser täglich Brot gib uns heute", sondern auch den Schlüssel zum Himmel: indem sie etwas von Jesus Christus erfuhren, der das Brot des Lebens ist.

Wenn wir unsere Kinder und Jugendlichen heute ernähren, kleiden, zur Schule schicken und studieren lassen, dann sorgen wir für das Notwendige, das sie zum Leben brauchen. Aber wenn wir ihnen nicht auch den Schlüssel zum Himmel geben, ihnen nicht etwas über Jesus Christus, das Brot des Lebens, sagen, dann lassen wir sie im Angesicht gedeckter Tische verhungern. Und dann bekommen wir, so kann man wohl sagen, eine Hungerkrise, wie man sie in unserem Land bereits beobachten kann: Menschen, die in großer Zahl seelische Not leiden, weil sie geistlich verhungern.

Johannes Daniel Falk hat in seiner Zeit mit dem „Lutherhof" ein Rettungshaus geschaffen, das nicht nur in deutschen, sondern auch in anderen europäischen Städten viele Nachahmer fand; am bekanntesten ist das von Johann Hinrich Wichern gegründete „Rauhe Haus" in Hamburg. Aber was gibt es heute für uns zu tun? Es ist eigentlich ganz einfach. Wir sollen – um Gottes willen! – Menschen nicht geistlich verhungern lassen. Und wie lassen wir sie geistlich nicht verhungern? Indem wir ihnen Jesus Christus als das Brot des Lebens geben. Dabei sollten wir barmherzig sein. Nicht jeder kann gleich ein ganzes Brot essen, manche können es vielleicht nur scheibchenweise vertragen. Und wo immer sich die Gelegenheit bietet, sollten wir andere von dieser wunderbaren Brotsorte 301 kosten lassen und ihnen zeigen, wo der Schlüssel zum Himmel liegt …

Für Tante Rosa danken

Vor einiger Zeit war ich in einem Kindergarten und habe mich ein bisschen umgeschaut. Die Kinder lernten dort nicht nur, Kastanienmännchen zu basteln und Purzelbäume zu schlagen, sondern auch, vor dem Frühstück und dem Mittagessen zu beten.

So kam eines Tages einer der kleinen Jungen aus dem Kindergarten nach Hause und verkündete stolz seinen Eltern: „Heute möchte ich das Tischgebet sprechen!" Ein Strahlen überzog das Gesicht der Eltern und der Vater sagte: „Na, Junge, dann bete mal!"

Und da betete der Junge: „Alle guten Damen, alles, was wir haben, kommt, o Gott, von dir. Wir danken dir dafür!"

Daraufhin prustete der Vater los: „Da hast du im Kindergarten aber was missverstanden, Junge! Es heißt ‚Gaben', nicht ‚Damen'."

„Nein, das heißt ‚Damen'!", entgegnete der kleine Junge bestimmt.

Und es begann ein Hin und Her zwischen Vater und Sohn, bis schließlich die Mutter in großer Weisheit fragte: „Sag mal, Junge, wen meinst du denn mit ‚Damen'?"

„Na, dich, die Oma, Tante Rosa …"

Daraufhin entgegnete die Mutter: „Dann ist es in Ordnung. Für alle guten Damen in deinem Leben kannst du ruhig Danke sagen."

Was ist eigentlich Dank? Ist Dank eine Floskel? So etwas wie ein Ritual? Nein, Dank ist eine Haltung, eine Lebenseinstellung, die man spüren kann. Man spürt sie bei Menschen, die das, was sie in ihrem Leben vorfinden, alles, was ihnen zuteilwird, nicht als selbstverständlich nehmen, sondern sagen: „Ich bin dankbar, wenn ich morgens aufwache und mir ein neuer Tag geschenkt wird; dass ich Menschen habe, mit denen ich reden, mich austauschen kann; dass ich jemanden gefunden habe, mit dem ich meinen Lebensweg gehen kann, bis dass der Tod uns scheidet. Das alles hat Gott mir geschenkt!"

Warum können wir diese dankbare Haltung bei anderen spüren? Wenn wir dankbar sind, erwächst daraus Demut. Demut macht deutlich: Ich bin Teil eines Größeren. Nicht ich und mein Wollen sind das Maß aller Dinge, nicht ich verfüge über das Gute und Wahre, sondern dieses Maß liegt in etwas Höherem, das über mich hinausweist. Dankbare Menschen wissen um ihre eigene Begrenztheit. Deshalb können dankbare Menschen auch bitten. Die Schwaben sagen sogar: Dank ist die nachhaltigste Form der Bitte.

„Alle guten Damen, alles, was wir haben, kommt, o Gott, von dir. Wir danken dir dafür!", hat der kleine Junge gebetet. Alles Gute hat seinen Ursprung in Gott – schon für den kleinen Jungen ist das sonnenklar. So klar, dass er ein altertümliches Wort, das ihm nichts sagt, intuitiv durch ein passendes Wort aus seiner Erfahrungswelt ersetzen kann.

Alles Gute kommt von Gott – wenn uns das bewusst ist, dann müssen wir nur noch, wie der kluge kleine Junge aus dem Kindergarten, Ausschau halten, was das Gute in unserem Leben ist, um zu erkennen, wie reich wir sind. Das Gute, wenn am Morgen die Sonne aufgeht, das Gute, das jeder neue Tag schenkt, das Gute an meinem Partner, meinen Nachbarn, an Tante Rosa …

„Danket dem Herrn; denn er ist freundlich, denn seine Güte währet ewiglich“ (Psalm 136,1).

Dem König folgen

Ein Politiker hat einmal etwas Erstaunliches gesagt: „Wir müssen uns das Unrecht, das von Behörden und dem Staat ausgeht, bewusst machen, umdenken und uns bemühen, Leid zu vermeiden, das aus staatlichem Handeln erwachsen kann." Er hatte einen guten Riecher dafür, dass Ungerechtigkeit auch von staatlichen Institutionen ausgeht, obwohl man ja eigentlich von Staats*dienern* spricht. Dieser Politiker war Friedrich Wilhelm III., ein Preußenkönig. Er ließ den Buß- und Bettag zum gesetzlichen Feiertag erklären. Ja, ein staatlicher Feiertag, der aufruft zur Buße und zum Beten. Dass dieser Feiertag auch eine kirchliche Tradition hat, erklärt sich von selbst.

Der Buß- und Bettag blieb sogar in der DDR ein Feiertag; erst als man die Fünftagewoche einführte, wurde er gestrichen. 1995 hat man ihn in ganz Deutschland abgeschafft mit der Begründung, man brauche das Geld für die Pflegeversicherung. Nur ein Ministerpräsident widersprach der Streichung – der Ministerpräsident von Sachsen, und deshalb ist dort der Buß- und Bettag bis heute ein Feiertag.

Jeder von uns hat seine persönlichen Erfahrungen mit staatlichen Behörden. Nicht selten gerät der Weg zum Amt zu einer leidigen Angelegenheit – lange Wartezeiten, während derer man gebannt auf die Nummernanzeige starrt … Sitzt man hier als Bittsteller, etwa beim Arbeits- oder Sozialamt, kann einen leicht das Gefühl des Gedemütigtseins überkommen. Es gibt viele, die trotz persönlicher Not den Weg zu den Ämtern meiden. Deshalb mahnte der König seine Bediensteten zum Umdenken und zu Bewusstsein bei der Ausübung ihrer Aufgaben: Wertschätzend, barmherzig und menschennah sollten die Staatsdiener den Rat- und Hilfesuchenden begegnen.

Aber wie sieht es auf der anderen Seite des Schreibtisches, der Seite der Staatsdiener, aus? Da sitzt eine Sachbearbeiterin, ein Sachbearbeiter, die tagtäglich dieselben Aufgaben erfüllen müssen. Nicht selten stoßen sie an die Grenze des Zumutbaren – wenn etwa der Strom der Kriegsflüchtlinge aus der Ukraine nicht abreißt, die Zahl der Asylsuchenden immer größer wird, die Gespräche lang und schwierig sind, weil bei allen Problemen auch noch das der Sprache hinzukommt.

Uns, die wir vielleicht im Einwohnermeldeamt etwas erledigen müssen, sitzt dann eine Sachbearbeiterin gegenüber – und mit ihr ihre eigene Geschichte. Die Geschichte am frühen Morgen, als sie, eine alleinerziehende Mutter, irgendwie dafür sorgen musste, dass ihr Sohn in den Kindergarten kommt und die kranke Tochter zur Großmutter. Ehe sie im Amt eintraf, hatte sie schon den ersten Stresstest hinter sich.

Aber was könnte passieren, wenn diese Frau, in ihrem Büro angekommen, erst einmal durchatmet und, bevor sie mit der Arbeit beginnt, ein Gebet spricht: „Lieber Gott, ich danke dir, dass ich es geschafft habe, meine Kinder pünktlich in den Kindergarten und zur Oma zu bringen. Aber jetzt bin ich eigentlich schon fertig mit den Nerven. Und da draußen sitzen so viele Menschen, die in ihrer Not zu mir kommen. Bitte schenke mir Geduld und Kraft, mich jedem Einzelnen zuzuwenden, damit ich nicht nach fünf Gesprächen am Boden liege."

Ich glaube, wenn man den Arbeitstag so beginnt, bewirkt das etwas. *„Alle eure Sorge werft auf ihn; denn er sorgt für euch"*, heißt es bei Petrus (1. Petrus 5,7). Möglicherweise ist man dann höflicher, findet leichter ein freundliches Wort und kann den Dienst an den Menschen entspannter und besser verrichten. Das meinte wohl der König: beten und als Folge des Betens umdenken, neue Schritte wagen und Wege beschreiten im Miteinander und Füreinander.

Den Freifahrtschein nutzen

Als Christen haben wir so viele Chancen, aber nutzen sie nicht. Ja, vielfach kennen wir sie gar nicht. Stattdessen sind wir Teil einer Gesellschaft, die in einer Art Massendepression die Abwesenheit von Werten beklagt. Da wird geklagt, wir würden in einer Spaßgesellschaft leben – ohne Fun-Faktor sei alles nichts. Andere klagen, wir würden in einer Angstgesellschaft leben – alles würde bedroht durch Terror und Angst um die Umwelt. Wieder andere klagen, wir würden in einer unsicheren Gesellschaft leben, in der es keine Gewissheiten, keine Stabilität mehr gebe. Und wieder andere sagen, wir würden in einer Sehnsuchtsgesellschaft leben – wir würden alles und nach Möglichkeit sofort wollen.

Einmal traf ich meine Nachbarn, als diese gerade in den Urlaub aufbrechen wollten und mit den Koffern auf der Straße standen. „Wo geht es denn hin?“, frage ich.

„Das wissen wir noch nicht“, antworteten sie. „Wir fahren jetzt zum Flughafen, suchen dort ein Reisebüro und buchen ein Last-Minute-Angebot. In drei Stunden sitzen wir dann hoffentlich in einem Flugzeug, das uns dahin bringt, wo die Sonne scheint.“

So etwas meinen wir wohl, wenn wir in das Klagelied einstimmen, wir würden in einer Gesellschaft leben, in der alles möglich ist.

In Würzburg gab es im 17. Jahrhundert 700 Berufe, überwiegend im Handwerk. Heute haben wir 48.000 Berufe, 9000 davon im IT-Bereich. Wie soll sich ein junger Mensch da orientieren, eine Wahl treffen? Es gibt sogar Bücher, die all diese Phänomene wissenschaftlich beschreiben – „Die Multioptionsgesellschaft" von dem Soziologen Peter Groß etwa. Wenn wir als Christen das Geschenk unseres Glaubens wirklich annehmen und uns dessen würdig erweisen wollen, dann reicht es jedoch nicht, kritisch zu sein. Wenn wir einen Mangel an Orientierung und Werten beklagen, dann sollte es darum gehen, nicht zu resignieren, sondern selbst Orientierung zu bieten.

Ich hatte ein Gespräch mit einem ehemaligen Ministerpräsidenten von Baden-Württemberg und erkundigte mich bei ihm: „Warum ist es euch Politikern eigentlich nicht gelungen, den Gottesbezug im Europäischen Verfassungsentwurf zu verankern? In der Präambel steht lediglich: ‚In dem Bewusstsein ihres geistig-religiösen und sittlichen Erbes gründet sich die Union auf die unteilbaren und universellen Werte der Würde des Menschen, der Freiheit, der Gleichheit und der Solidarität.'"

Der ehemalige Ministerpräsident erwiderte, es sei am Ende etwas viel Wichtigeres verankert worden: „Die Union achtet den Status, den Kirchen und religiöse Vereinigungen oder Gemeinschaften in den Mitgliedstaaten nach deren Rechtsvorschriften genießen, und beeinträchtigt ihn nicht."

In Verantwortung vor Gott und den Menschen – das gilt nicht nur nach unserem Grundgesetz, sondern das gilt auch in Europa. Wenn wir also sagen, dass in Europa immer alles schwierig wäre, stimmt das nicht. Als Christen haben wir mit unseren Gemeinden und Gemeinschaften laut EU-Vertrag einen Freifahrtschein, das sein zu können und zu dürfen, was wir substanziell vom Wesen her sein wollen. Es ist wichtig, dass dies gesetzlich so verankert ist, weil es dann auch einklagbar ist. Wir können christliche Kindergärten betreiben oder Seniorenstifte, wir können in der christlichen Jugendarbeit, Familienarbeit oder Diakonie tätig sein – weil es legitimiert ist. Der Staat will, dass wir das machen.

Wir haben mehr Wertpotenziale in unseren Verfassungen, Ordnungen und Regelungen, als uns eigentlich bewusst ist. Aber wir machen nichts daraus. Wenn ich Werte habe, muss ich sie auch schätzen. Und ich schätze diese Werte, wenn ich sie in mir trage und sie verkörpere. Die biblische Botschaft muss gepredigt, aber auch gelebt werden. Im 2. Buch Mose erklärt Gott selbst, dass er sein Volk in die Freiheit geführt hat: *„Ich bin der Herr, dein Gott, der ich dich aus Ägyptenland, aus der Knechtschaft, geführt habe"* (2. Mose 20,2). Und im Neuen Testament schreibt Paulus: *„Zur Freiheit hat uns Christus befreit! So steht nun fest und lasst euch nicht wieder das Joch der Knechtschaft auflegen!"* (Galater 5,1).

Sind wir doch so frei!

Sich erden

Es gibt einen Text in der Bibel, der mich immer etwas ärgerlich gemacht hat:

„Und Mose stieg aus den Steppen Moabs auf den Berg Nebo, den Gipfel des Gebirges Pisga, gegenüber Jericho. Und der Herr zeigte ihm das ganze Land: Gilead bis nach Dan und das ganze Naftali und das Land Ephraim und Manasse und das ganze Land Juda bis an das Meer im Westen und das Südland und die Gegend am Jordan, die Ebene von Jericho, der Palmenstadt, bis nach Zoar. Und der Herr sprach zu ihm: Dies ist das Land, von dem ich Abraham, Isaak und Jakob geschworen habe: Ich will es deinen Nachkommen geben. – Du hast es mit deinen Augen gesehen, aber du sollst nicht hinübergehen“ (5. Mose 34,1-5).

Da war also Mose – er hatte eine große Aufgabe vor sich und bewältigte sie. Er konnte das versprochene Land schon zu seinen Füßen sehen – und durfte es doch nicht betreten. Er war bis kurz vors Ziel gekommen, aber nicht *angekommen*. Was ist das für eine Geschichte?

Mose, das ist die Geschichte eines Mannes – vom Korb im Schilf bis hinein ins Zentrum der Macht als Prinz am Hof des Pharaos von Ägypten. Es ist aber auch die Geschichte langer Jahre des Hirtendaseins. Und es ist die Berufungsgeschichte Gottes, durch die Mose die Krönung seiner Lebensaufgabe erfährt: das Volk Israel aus der Gefangenschaft herauszuführen. Da war Mose bereits 80 Jahre alt! „Das kann ich nicht", sagte er zu Gott, „das will ich nicht! Außerdem bin ich ein schlechter Redner, such dir einen anderen." Gott aber sagte: „Nein, du machst das. Ich stelle dir Aaron zur Seite, er soll dein Sprachrohr sein."

Und so übernahm Mose diesen Auftrag, aber er wusste weder, wohin er das Volk führen sollte, noch, wie lange dies dauern würde. Es begann eine Wüstenwanderung mit täglich neuen Existenzkämpfen: Was werden wir essen? Was werden wir trinken? Werden wir für unsere Tiere das Notwendige finden, damit sie nicht verenden? Die einzige Gewissheit auf dieser Wanderung war die Verheißung Gottes. Aber das Volk fiel vom Glauben ab, jagte seinen eigenen Ideen hinterher und warf sich vor dem Götzenbild eines Goldenen Kalbes auf die Erde. Immer wieder musste Mose sein Volk auf den richtigen Weg führen, ihm Gottes Verheißung in Erinnerung rufen. Treu hielt er an Gottes Auftrag fest.

Und dann – nach diesem langen Weg der Entbehrungen, aber auch der Erfahrung, dass Gott Zeichen senden und Wunder geschehen lassen kann – endet die Reise für Mose kurz vor dem Ziel. Ich habe lange überlegt: Warum?

Will Gott, dass wir uns über das Ende dieser Geschichte ärgern? Nein, darum geht es nicht. Ich denke, diese Geschichte soll uns erden. Wir Menschen neigen oft zu der Hybris, wir seien der Anfang und das Ende aller Dinge. So ist es aber nicht. Wir sind nicht die Geschichte, sondern wir sind immer nur Teil von Gottes Geschichte. Und Mose war nur ein Teil von Gottes Geschichte mit dem Volk Israel. Als er seine Aufgabe erfüllt hatte, kam ein anderer – Josua –, und nach Josua kamen wieder andere, die die Geschichte Gottes mit dem Volk fortführten.

Dieser Text erdet uns. Er verweist uns zurück in unsere Möglichkeiten. Es ist manchmal ganz gut, wenn man wieder auf den Boden der Realität geholt wird. Die eigene Lebensgeschichte ist nicht die Weltgeschichte, sie fängt nicht mit uns an und hört nicht mit uns auf.

Einmal saß ich mit einem jungen Mann meiner Gemeinde im Auto, als mich eine traurige Nachricht erreichte. „Ines ist verstorben."

„Ja", meinte er, „wir können dankbar sein, dass sie erlöst ist." Er atmete tief durch. „Ich habe Ines sehr gemocht."

„Hast du sie genauer gekannt?", fragte ich ihn.

„Ich war als Teenager bei ihr in der Jugendgruppe. Eigentlich weiß ich nichts Konkretes mehr aus dieser Zeit. Doch ich weiß, dass ich gern bei ihr in der Jugendgruppe war. Was immer sie gemacht hat, bei allem schimmerte etwas von ihrem christlichen Glauben durch – jeder hat das gespürt."

Vielleicht konnte Ines ihre Ziele und Visionen für die Jugendarbeit und ihr Leben nicht zu Ende führen, aber sie hat etwas auf den Weg gebracht. „Ich habe Ines sehr gemocht" – das bleibt. Sie ist als Teil der Gemeinde auch Teil von Gottes Geschichte mit dieser Gemeinde. Die Arbeit, die sie zurückgelassen hat, setzen andere fort.

Es geht immer weiter, aber es sind nicht wir, die Regie führen, sondern es ist Gottes Plan. Und das ist die hoffnungsvolle Zukunftsperspektive, die wir haben: Ich bin Bestandteil von Gottes Geschichte – mit meiner Familie, mit meinen Lieben, meiner Arbeit, mit meiner Gemeinde. Meine Geschichte ist begrenzt, aber nicht die Geschichte Gottes mit mir. Seine Geschichte geht über das eigene Leben hinaus – und eröffnet damit meinem Leben die Ewigkeit.

Ein ganz normaler Held sein

Propheten, Reformatoren, Bürgerrechtler, Weltveränderer – solche Menschen lösen bei uns oft Bewunderung aus. Wie mutig und unbeirrbar sie sind, niemals eingeschüchtert, immer bereit, für ihre Überzeugungen einzustehen und sie zu verteidigen!

Denken wir nur an Martin Luther, der nicht nur gegen die Kirchenoberen seiner Zeit gewettert und protestiert hat, sondern seinen Glauben vor Kaiser und Reich vertreten und trotz Androhung der Todesstrafe Rückgrat gezeigt hat. Oder Teresa von Ávila, eine Frau, die sich in Zeiten, da Frauen Zurückhaltung üben sollten, durchgesetzt und einen Orden gegründet hat. Oder Nelson Mandela, der wegen seines Kampfes gegen die Apartheid in Südafrika viele Jahre im Gefängnis saß und darüber nicht verbitterte; der nach seiner Freilassung nicht an Rache dachte, sondern an Versöhnung.

Und wir? Halten wir uns nicht viel lieber zurück und bleiben in der zweiten Reihe? Natürlich ist nicht jeder zum Verkündiger oder Rebellen gegen den Zeitgeist berufen. Aber sind diese Frauen und Männer aus gänzlich anderem Holz geschnitzt als wir? Sind sie besonders furchtlos, selbstbewusst oder begabt? Haben sie vielleicht einfach Lust an der Konfrontation?

Jeremia, ein Prophet im alten Israel, unerfahren und ohne große Autorität, wurde von Gott berufen, den Leuten im wahrsten Sinne des Wortes die Leviten zu lesen. Er war auserwählt, vor den König zu treten und die Anklagen Gottes vorzutragen. Ein Job, der einem nicht gerade Sympathien einbringt: Jeremia wurde lächerlich gemacht, beleidigt, gehasst und verachtet – und schließlich zu Gefängnisstrafen verurteilt.

Wen sucht Gott sich aus? Die Mutigen und Starken, die großen Redner, die selbstsicheren Menschen, die gern in der Öffentlichkeit stehen? Bei Jeremia sieht es nicht danach aus. Das Erste, was er beim Gedanken an seine Prophetenaufgabe sagte, war nicht etwa: „Toll, Gott, ich danke dir! Wann geht es los?" Stattdessen sträubte er sich: *„Ach, Herr Herr, ich tauge nicht zu predigen; denn ich bin zu jung"* (Jeremia 1,6). „Bitte nicht ich, ich bin der Falsche für diese Aufgabe! Auf mich wird keiner hören! Es gibt Leute, die viel mehr Talent haben als ich!"

Ein biblischer Held klingt in unseren Vorstellungen anders. Statt eines Menschen, der tatendurstig in die Schlacht ziehen möchte, sehen wir einen eingeschüchterten jungen Mann, der mit Ausreden versucht, sich seiner Aufgabe zu entziehen. Wollte man Jeremia aus psychologischer Sicht beschreiben, könnte man sagen, er war ein Ich-schwacher Mensch. Und dies blieb er auch im weiteren Verlauf der Geschichte, er wird kein Bilderbuchheld. Jeremia zögert, zweifelt an Gott und an seiner Aufgabe, der Überbringer schlechter Nachrichten zu sein. Er trauert um das Volk, dem er Gottes Gericht ansagen soll. Immer wieder wünscht er sich, Gott möge ihn mit seiner Berufung in Ruhe lassen.

Und trotzdem: Auch wenn Jeremia hadert und ängstlich ist, kann er kämpfen. Wenn es darauf ankommt, gewinnt er an Mut und spricht voll Stärke und Entschlossenheit zu den

Menschen – wie es ihm Gott bei seiner Berufung zugesagt hat: „*Fürchte dich nicht vor ihnen; denn ich bin bei dir und will dich erretten … Und der Herr streckte seine Hand aus und rührte meinen Mund an und sprach zu mir: Siehe, ich lege meine Worte in deinen Mund. Siehe, ich setze dich heute über Völker und Königreiche, dass du ausreißen und einreißen, zerstören und verderben sollst und bauen und pflanzen*“ (Jeremia 1,8-10).

Schauen wir uns bei den Helden der biblischen Botschaft um, stellen wir fest, dass Jeremia keine Ausnahme, sondern die Regel ist: Da gibt es Mose, der Gott entgegnet: „Nimm einen anderen, ich kann nicht gut reden! Weder der Pharao noch das Volk werden auf mich hören …“ Mose wehrt sich gegen seine Berufung, bis Gott ihm Aaron an die Seite stellt, damit dieser für ihn redet.

Gott beruft Gideon zum militärischen Führer und Gideon antwortet: „Ich bin viel zu unwichtig, ich habe kein großes Ansehen, ich kann diese Aufgabe unmöglich erfüllen!“

Gott sagt zu Abraham: „Deine Frau Sara wird dir einen Sohn gebären“ – und Sara lacht Gott aus. „Das ist unmöglich, ich bin zu alt für Gottes Pläne!“

Gott beruft Jesaja und Jesaja antwortet: „Ich bin unrein, ich kann dein Wort nicht ausrichten!“

Und Gott beruft Saulus, den Christenverfolger, der später viele Gemeinden gründet und ihnen Briefe schreibt. So lesen wir bei Paulus: „Ihr erinnert euch, wie ich bei euch aufgetreten bin, schwach und zitternd vor Angst …“

Wohin man auch schaut in der Bibel – überall normale Helden. Keine Übermenschen, keine vor Selbstbewusstsein strotzenden Vorzeigegläubigen. Gott beruft immer wieder auch die Zweifler, diejenigen, die sich für zu jung oder zu alt halten, die sich selbst nie in diese Aufgabe stellen und berufen würden, für die Gott sie ausgesucht hat.

Aber alle Berufungen haben etwas gemeinsam: Am Anfang steht das Wort Gottes: „Fürchte dich nicht, denn ich bin mit dir." Gott sagt seinen verzagten Auserwählten: „Schau nicht auf dich, sondern auf mich. Verlass dich nicht auf deine eigene Kraft, dein eigenes Können, deine eigenen Möglichkeiten, Talente und Fähigkeiten. Ich weiß, dass dies alles nicht ausreichen wird."

Gott beruft Jeremia mit den Worten: *„Ich kannte dich, ehe ich dich im Mutterleibe bereitete, und sonderte dich aus, ehe du von der Mutter geboren wurdest"* (Jeremia 1,5). Damit sagt Gott: „Ich kenne dich besser als du dich selbst, und doch will ich niemanden anderen berufen als dich." Und, o Wunder, es reicht. Wir spüren und wissen – nicht nur von den biblischen Verkündigern: Gottes Kraft ist auch in den Schwachen mächtig. Und deshalb frage ich: Warum nicht auch in dir?

Du fragst dich, wie das gehen soll? Das lernen wir von Jesaja, Jeremia, von Paulus: Es geht nur, wenn ich Haltung habe. Und Haltung hat, wer Halt hat.

Es verwundert nicht, dass das Wort „Held" im Klang dem „Halt" sehr nahe ist. Denn was macht all die normalen Helden aus und lässt sie standhaft bleiben? Es ist ihr Halt.

Schirm nicht vergessen!

Wenn ich in unseren Schirmständer zu Hause schaue, finde ich dort eine stattliche Anzahl aller möglichen Exemplare: Da gibt es einen sehr schicken Schirm mit Pünktchen – passend zum gepunkteten Sommerkleid. Es gibt einen Schirm in Regenbogenfarben – bereit, wenn das Unwetter vorbei ist, eine Brücke zwischen Himmel und Erde zu schlagen. Dann gibt es einen Schirm, den meine Frau auf der Landesgartenschau in Nagold vom Bürgermeister geschenkt bekommen hat, als sie dort in der brennenden Hitze bei einem Konzert saß. Aber es gibt auch einen Schirm für traurige Anlässe. Das ist mein Friedhofsschirm, und ich bin froh, wenn ich ihn nicht so oft verwenden muss. Und wir haben noch einen Kinderschirm mit lustigen Comicfiguren – obwohl Kinder eigentlich gar keinen Schirm brauchen, weil sie es lieben, in Pfützen zu springen und dann zu sagen: „Heute hat es von unten geregnet!"

Es ist erstaunlich, wie viele Schirme sich im Laufe der Zeit ansammeln. Und erst recht, wie viele man irgendwo stehen und liegen gelassen hat, all diese großen Stockschirme … Wie praktisch dagegen ist so ein Knirps: Der passt in Hand- wie in Aktentaschen, in einen Rucksack oder die Schultasche. Man kann ihn immer mit sich tragen.

Und so wie wir uns, wenn wir das Haus verlassen, vergewissern, ob wir für alle Fälle unseren Schirm dabeihaben, ist es auch mit Gott: Wenn wir die Bibel lesen, dann vergegenwärtigen wir uns, dass wir Gott und Jesus Christus bei uns haben. Es ist der „Schirm des Höchsten", der uns immer begleitet. Ich kann den Schirm an Sonnentagen öffnen, wenn die Sonne unerträglich ist, ich kann ihn auch öffnen, wenn sich alles verfinstert und ein Unwetter über mein Leben zieht. Wichtig ist, dass wir Gott, dass wir Jesus Christus bei uns haben.

Jesus hat uns versprochen: „*... ich bin bei euch alle Tage bis an der Welt Ende*" (Matthäus 28,20). Aber was nützt mir das Versprechen, wenn ich ihn nicht in mein Leben hineinnehme? Und wenn ich ihn nicht immer bei mir habe?

Wie kann das gelingen? Jesus hat auch gesagt: „*Ich bin der Weg und die Wahrheit und das Leben*" (Johannes 14,6). Wenn Jesus sagt: „Ich bin die Wahrheit", dann ist mit Wahrheit die Gegenwart Gottes gemeint. In der Wahrheit leben heißt, in der Gegenwart Gottes zu leben.

Ich habe drei Jahrzehnte im Schwabenland gewohnt und fromme Schwaben haben immer gesagt: „Gell, Hartmut, man muss doch in der Wahrheit bleiben!" Sie meinten damit, dass man in der Gegenwart Gottes bleiben muss. Wenn ich in der Gegenwart Gottes bin, dann ist die Gegenwart Gottes mein Schirm, der Schutzraum, der mich und mein Leben umgibt. „*Wer unter dem Schirm des Höchsten sitzt und unter dem Schatten des Allmächtigen bleibt*", für den gilt auch: „*Er wird dich mit seinen Fittichen decken, und Zuflucht wirst du haben unter seinen Flügeln.* [...] *Es wird dir kein Übel begegnen, und keine Plage wird sich deinem Hause nahen. Denn er hat seinen Engeln befohlen, dass sie dich behüten auf allen deinen Wegen, dass sie dich auf den Händen tragen und du deinen Fuß nicht an einen Stein stoßest*" (Psalm 91,4.10-12).

Wenn ich in der Wahrheit lebe, habe ich Jesus bei mir, und dann bin ich für alle Fälle gewappnet. Dann kann mich kein unvorhergesehener Schauer, kein Unwetter, nichts und niemand schrecken. Und wenn ich dann irgendwo einen Menschen sehe, der gerade nass wird, nehme ich ihn mit unter meinen Schirm, und wir gehen ein Stück gemeinsam. Vielleicht zum Parkplatz oder zum Auto. Oder ich bete für ihn, wie wir als Eltern oder Großeltern für unsere Kinder beten.

Denn wenn wir beten, machen wir doch nichts anderes, als dass wir die, für die wir beten, mit unter den Schutzschirm Gottes nehmen. Unter diesen Schirm kann ich auch Menschen nehmen, die mit Gott und Jesus Christus vielleicht nichts anzufangen wissen. Und dann kann ich dafür beten, dass sie diesen Schutzschirm für sich und ihr Leben entdecken – und ihn für immer bei sich tragen.

Den Fahrstuhl nutzen

Es gibt so ein gewisses Nischen-Christsein, in dem man sich sehr gemütlich einrichten kann. Ich nenne es auch gern Dachkammer-Christentum – hierhin kann man sich zurückziehen und unter seinesgleichen bleiben. Als Christen sind wir jedoch berufen, unser Leben als ein aufrichtiges Bekenntnis zu verstehen, das auch seine Wirkung entfaltet.

„In allem empfehlen wir uns als Diener Gottes: wenn unbeirrte Standhaftigkeit gefordert ist" (2. Korinther 6,4), lesen wir bei Paulus. Damit sagt er: Ihr Christen müsst Position beziehen, ihr müsst zu dem stehen, was ihr glaubt und verkündigt. Wenn wir so leben, kann es allerdings passieren, dass wir, wie Paulus schreibt, *„in Nöte, Bedrängnisse und ausweglose Lagen geraten"*. Für die Gemeinde in Korinth, an die Paulus sich in seinem Brief wandte, konnte Standhaftigkeit sogar dazu führen, dass man sie verfolgte, weil sie zu Christus gehörte. Paulus verschwieg ihnen nicht, was dies bedeutete, und erinnerte sie daran, dass Christen auch dann Diener Gottes bleiben, *„wenn wir ausgepeitscht werden, wenn man uns ins Gefängnis wirft, wenn wir uns einer aufgehetzten Menge gegenübersehen, wenn wir bis zur Erschöpfung arbeiten und wenn wir ohne Schlaf und ohne Essen auskommen müssen"* (2. Korinther 6,5-8).

Ich bin froh und dankbar, dass wir in einem Land leben, wo wir uns zu unserem christlichen Glauben öffentlich bekennen können und dies als Grundrecht im Grundgesetz verankert ist.

In anderen Ländern sitzen Menschen wegen ihres Glaubens im Gefängnis. Die Evangelische Nachrichtenagentur idea und die Internationale Gesellschaft für Menschenrechte (IGFM) benennen jeden Monat eine Person als „Gefangenen des Monats". Meist sind dies Christen, die nichts anderes getan haben, als sich in einem Hauskreis zu treffen oder einen Gottesdienst zu feiern. In meiner Gemeinde liegt regelmäßig eine Liste für den „Gefangenen des Monats" aus, in die man sich eintragen und sich mit seiner Unterschrift für die Freilassung des Gefangenen einsetzen kann. Die Gemeinde schickt die Liste dann an die Botschaft des jeweiligen Landes. Ich habe selbst auch schon Botschafter angeschrieben und mich für verfolgte Christen, vor allem Jugendliche, eingesetzt.

Sich hier zu positionieren und das mit seiner Unterschrift zu dokumentieren, ist ja ganz gut. Aber was macht man, wenn einem ein Christenverfolger leibhaftig im Fahrstuhl begegnet?

Ich habe ein Büro in Berlin, in der Friedrichstraße 55 A. Im selben Haus – eine Etage über dem Büro – befinden sich die Räumlichkeiten der maledivischen Botschaft. Die Malediven stehen an 16. Stelle der Christen verfolgenden Länder. Wenn ich nun zu meinem Büro der Stiftung für Christliche Wertebildung in der Friedrichstraße möchte, dann kann es passieren, dass ich plötzlich im Fahrstuhl dem maledivischen Botschafter gegenüberstehe. Was mache ich denn dann? Soll ich, wenn ich in der dritten Etage aussteige, sagen: „Schön, dass ich lebend den Fahrstuhl verlassen kann!"? Wenn ich mich in meiner Gemeinde mit meiner Unterschrift für verfolgte Christen einsetze, kann ich doch im Fahrstuhl nicht sprachlos sein!

Aber das war ich: Als ich im Fahrstuhl einmal auf den Botschafter stieß, war ich sprachlos. Und dann, nachdem ich ausgestiegen war und ins Büro kam, stieg der Ärger in mir hoch – ich wurde richtig zornig. Da hatten meine Mitarbeiter eine geniale Idee: Wir veranstalten eine Weihnachtsfeier in unserem Haus! Im ersten Stock befindet sich ein Schönheitschirurg, darüber eine Rechtsanwaltskanzlei, dann die Stiftung für Christliche Wertebildung, über uns die maledivische Botschaft, und ganz oben sitzt eine Werbeagentur. Wir gingen von Etage zu Etage, brachten Kekse und Tee vorbei, verteilten Liederblätter und luden zu einer Weihnachtsfeier – wegen Corona per Zoom-Konferenz – ein. Jeder konnte erzählen, wie er Weihnachten feiert und was er von diesem Fest hält. Bei dieser Frage waren die Vertreter der maledivischen Botschaft natürlich etwas zurückhaltender, und der Botschafter hat sich auch nicht gezeigt – im Internet gemeinsam mit Christen etwas Weihnachtliches zu machen, das geht ja schließlich nicht …

Ein paar Wochen später war ich wieder in Berlin. Und auf wen treffe ich im Fahrstuhl? Den Botschafter. Er hatte einige Leute bei sich und war sehr in Eile. Unten vor der Tür brummte schon sein Auto. Ich ging Richtung Ausgang, da überholte er mich. „Na ja", dachte ich, „du hast es wirklich eilig …" Aber er ging nicht zu seinem Auto. Der Botschafter hielt mir die Tür auf.

„In allem empfehlen wir uns als Diener Gottes", sagt Paulus. Und: *„Wir empfehlen uns durch ein geheiligtes Leben, durch geistliche Erkenntnis, durch Geduld und durch Freundlichkeit"* (2. Korinther 6,6). Wir empfehlen uns durch Freundlichkeit und Geduld – nicht durch Zorn oder Aufregung, selbst wenn der Auslöser ein Christenverfolger ist. Unter Christen

freundlich und geduldig zu sein, fällt uns leicht. Doch immer dann, wenn uns Freundlichkeit und Geduld schwerfallen, kommt es besonders auf sie an. Deshalb: Raus aus der Dachkammer und rein in den Fahrstuhl! Wer weiß, welche ungewöhnlichen Begegnungen die bisweilen unfreiwillige Nähe in so einem Fahrstuhl schafft und welche Türen sie öffnen kann …

Nicht erschrecken!

In meiner Kindheit war der Ewigkeitssonntag immer ein sehr trauriger Tag, ein Tag voller Schwermut und Niedergeschlagenheit. Dabei ist der Ewigkeitssonntag doch eigentlich ein guter Tag. Ein Tag, an dem uns eine Perspektive eröffnet wird – über die Begrenztheit unseres Lebens hinaus. Was konnte mich an diesem Ewigkeitssonntag nur so runterziehen?

Es war meine Mutter – sie hat an diesem Sonntag immer gelitten. Während des Krieges musste sie auf der Flucht aus der Heimat ihre Eltern zurücklassen und hatte keinen Ort, wo sie den Verlust ihrer Eltern betrauern konnte. Es gab keinen Friedhof, zu dem wir gehen, kein Grab, auf das wir Blumen legen konnten, es gab keinen Stein mit ihren Namen und Lebensdaten.

Ich habe meine Großeltern nie kennengelernt. Aber die Traurigkeit meiner Mutter war so groß, dass sie auf mich übergesprungen ist – obgleich mir bewusst war, dass Eltern und Großeltern eben irgendwann einmal sterben müssen.

Erst viele Jahre später, nachdem meine Mutter längst nicht mehr lebte, habe ich ihre tiefe Traurigkeit wirklich verstanden. Ich war von einer Auslandsgemeinde der evangelischen Kirche nach Kaliningrad eingeladen worden. Kaliningrad ist das alte Königsberg und die Heimatstadt meiner Eltern, der Ort, an dem meine Großeltern zurückgeblieben sind. An einem Nachmittag habe ich mir einen Stadtführer gesucht, der beim Registeramt arbeitete. Ich bat ihn, mir die Stadt zu zeigen, und auf alle Fälle, so sagte ich ihm, wolle ich auf den Friedhof zu meinen Großeltern. Er ging mit mir durch die Stadt, zeigte hierhin und dahin und erzählte dabei von den vielen alten Häusern, die es nicht mehr gab. Es war die traurigste Stadtführung meines Lebens.

Wir waren fast am Ende angelangt, als ich sagte: „Aber jetzt will ich noch auf den Friedhof!"

„Ja, ja", erwiderte er, „ich habe das nicht vergessen."

Und dann führte er mich auf einen Acker mit Disteln und Unkraut und Gestrüpp, und dort war es so wild und blühte über und über, dass es schon fast wieder schön war. „Das ist der Friedhof deiner Großeltern."

„Das ist doch kein Friedhof – das ist ein Acker!", erwiderte ich empört.

Da meinte er: „Ich habe im Register nachgesehen. Deine Großeltern sind im Krieg an Hungertyphus gestorben. Sie wurden nicht beerdigt, sondern hier draußen verbrannt." Und dann ließ er mich allein.

Ich sah drei Birken, unter denen eine Bank stand und auch ein Gedenkstein für die Toten. Ich setzte mich, und erst da begriff ich, worunter meine Mutter so gelitten hatte. Sie musste sich mit drei Kindern auf die Flucht begeben; eins lag im Kinderwagen, eins saß auf dem Kinderwagen, eins lief neben dem Wagen her. Sie wollte ihre Eltern mitnehmen, doch diese sagten: „Nein, geh allein. Wenn du eine Chance hast, durchzukommen, dann nur allein." Dass meine Mutter ihre Eltern zurückgelassen hatte, bereitete ihr noch viele Jahre später ein schlechtes Gewissen; sie hat es sich nie verziehen. Immer wieder kam dies am Ewigkeitssonntag in ihr hoch.

Ich bin dann zu einem Bach gegangen und habe es wie die Juden gemacht: Ich suchte einen runden Stein und legte ihn auf den Gedenkstein, um zu sagen: So wie ein Stein unvergänglich ist, sollt ihr immer in meinen Gedanken sein. Und dabei dachte ich an die vielen Erzählungen meiner Mutter, die eigentlich nichts anderes als ein lebendiger, sprudelnder, Geschichte erzählender Grabstein meiner Großeltern waren. Jetzt gab es für mich auch einen Ort, an den ich gehen und an sie denken konnte.

Es ist wichtig, einen solchen Ort zu haben, denn er ist auch eine Gedenkstätte für Gott, der über die Begrenztheit unseres Lebens eine Perspektive in die Ewigkeit eröffnet. Und es ist ein Ort, an dem ich mir bewusst werden kann: Was habe ich den Menschen, die hier beerdigt wurden, zu verdanken? Ich kann Gott danken, der mir meine Familie geschenkt hat und der mich das, was ich von ihr erfahren und mitbekommen habe, weitergeben lässt.

Mit den Verstorbenen kann ich nicht mehr sprechen, aber an ihrem Grab beten und mit Jesus reden: ihm all das sagen, was möglicherweise noch zwischen mir und dem von mir gegangenen Menschen steht. Meine Mutter hat sich ihr Leben lang vorgeworfen, dass sie ihre Eltern zurückgelassen hat. Ihr Verstand sagte: Ja, es war richtig, mit deinen Kindern zu fliehen, denn es war die einzige Chance, diesen Krieg zu überleben. Ihr Herz aber war bei ihren Eltern und zog sie immer wieder zurück. Sie hat sich angeklagt und verurteilt, jedes Jahr aufs Neue. Sie konnte keinen Frieden finden.

Mancher Schmerz ist zu groß, um ihn allein zu bewältigen, doch ich kann ihn vor Gott bringen. Gott kann entlasten, freisprechen, Frieden schenken.

Ich kannte eine Frau, die immer traurig wurde und zu weinen begann, wenn sie an den Tod ihres Mannes dachte. Die beiden waren viele Jahrzehnte glücklich verheiratet gewesen. Aber an dem Tag, als ihr Mann mit dem Auto tödlich verunglückte, hatten sie sich morgens heftig gestritten. Das Letzte, was die Frau mit ihrem Mann erlebt hatte, war, dass sie sich anschrien. Die Frau warf sich das immer wieder vor. Gott aber kann sagen: Hör auf, dich zu verurteilen – ich will dir Frieden schenken, wenn du mich lässt.

Wie finden wir zu dieser positiven Grundstimmung, zu der Ewigkeitsperspektive, die uns der Ewigkeitssonntag doch eigentlich vermittelt? Wie kommt man aus der Traurigkeit, der Verzweiflung, der Zeit des Abschiednehmens heraus? Ich habe mich vom Druck der Trauer befreien können, indem ich in die Bibel geschaut habe. Da sagt Jesus zu seinen Jüngern: *„In meines Vaters Hause sind viele Wohnungen.* […] *Und wenn ich hingehe, euch die Stätte zu bereiten, will ich wiederkommen und euch zu mir nehmen, auf dass auch ihr seid, wo ich bin"* (Johannes 14,2-3).

Ein wunderschönes Bild: Jesus richtet schon unsere ewige Wohnung ein. Und wenn sich unser Leben hier und heute verdunkelt, dann ziehen wir gleichsam um in unsere ewige Eigentumswohnung. Dieses Bild gebe ich oft Menschen, die krank sind oder den Schatten der Begrenztheit ihres Lebens vor sich haben, weil das Ende näher rückt. Ich gebe dieses Bild auch Kindern oder Enkelkindern, wenn sie ihre Großeltern beerdigen: „Stellt euch vor: Oma ist jetzt in eine neue Wohnung gezogen."

„Euer Herz erschrecke nicht!", hat Jesus kurz vor seinem Tod zu seinen Jüngern gesagt. *„Glaubt an Gott und glaubt an mich!"* (Johannes 14,1). Der Tod ist nicht das Ende.

Mit dem Herzen hören

Advent heißt Ankunft. Auf dem Weg zum Weihnachtsfest erinnern wir uns, dass Jesus Christus als Mensch in diese Welt gekommen ist. Aber Advent meint auch noch etwas anderes: den sogenannten zweiten Advent. Damit ist nicht der 2. Adventssonntag gemeint, sondern Advent im Sinne der Wiederkehr von Jesus Christus. Dass Jesus bereits in diese Welt gekommen ist – darauf müssen wir uns nicht groß vorbereiten. Aber sind wir gut vorbereitet, wenn der Herr wiederkehrt?

Die Adventszeit war einmal alles andere als eine Spekulatius-, Glühwein- und Weihnachtsmarktzeit. In vielen christlichen Kirchen und Gemeinden war sie eher eine Fastenzeit, eine Zeit der Besinnung: Sind wir gut vorbereitet, wenn der Herr wiederkommt? Das war und ist noch heute die zentrale Adventsfrage.

„Siehe, ich stehe vor der Tür und klopfe an!", heißt in der Offenbarung (3,20). Wenn Jesus wiederkommt, wenn seine zweite Ankunft Wirklichkeit wird: Wen oder was würde er in dir vorfinden?

Klar, du bist ein Christ, hast dich taufen lassen. Aber viele haben die erste brennende Liebe zu Jesus verloren, die Glut ist erloschen. Und manche sind nur noch ein dampfender Haufen Asche. *„Aber ich habe gegen dich, dass du deine erste Liebe verlassen hast"*, heißt es an anderer Stelle in der Offenbarung

(2,4). Manchmal ist das ein schleichender Prozess. Wir geraten auf einen Weg, der wie bei einer zerrütteten Ehe irgendwann in einer Scheidung enden kann. Als Erstes verebbt die Kommunikation. Sprichst du noch mit Jesus? Gibt es einen Austausch zwischen dir und ihm?

Vielleicht hattest du einmal eine Zeit, als Jesus dein Ein und Alles war. Eine Zeit, in der du jeden freien Augenblick zum Beten genutzt hast, egal, wo, und nicht nur am Abend vor dem Einschlafen. Wie gern hast du mit dem Psalmisten gesagt: *„Wenn mir gleich Leib und Seele verschmachtet, so bist du doch, Gott, allezeit meines Herzens Trost und mein Teil"* (Psalm 73,26). Jesus befand sich im Zentrum deines Lebens.

Advent ist die Zeit, sich zu fragen: Steht Jesus da noch immer – oder ist er an die Seite gerückt? Wo ist Jesus? Im Schlafzimmer, wo ich in der Stille mit ihm spreche, oder im Wohnzimmer, wo ich am Tisch sitze, das Leben stattfindet, der Alltag der Familie pulsiert? Wo ist Jesus in deinem Leben?

Diese Frage erinnert mich an ein Erlebnis aus meiner Zeit als Vikar in einer Gemeinde in Dortmund. Dort sagte ich eines Tages im Konfirmandenunterricht: „Zur nächsten Stunde könnt ihr euch ein Lied aussuchen, das wir dann gemeinsam singen. Aber jeder, der ein Lied aussucht, muss auch etwas zu seiner Bedeutung sagen."

In der Konfirmandengruppe gab es ein Mädchen, mit dem das Leben es bis dahin nicht sehr gut gemeint hatte. In der nächsten Stunde sagte dieses Mädchen: „Ich wünsche mir das Lied ‚Er gehört zu mir wie mein Name an der Tür'." Dieses Lied von Marianne Rosenberg war damals, 1975, ein großer Hit, und die Konfirmanden lachten.

„Ich habe nur gesagt, jeder soll ein Lied aussuchen", nahm ich das Mädchen in Schutz. „Ich habe nicht gesagt, dass es ein besonders frommes sein muss."

Also haben wir gemeinsam das Lied „Er gehört zu mir" gesungen, und dann fragte ich das Mädchen: „Was verbindest du denn mit diesem Lied?"

„Meine Glaubensgeschichte", antwortete es.

In Schlagerversen begegnen uns oft Wahrheiten – Wahrheiten, die auch das Mädchen auf seinem Weg zum Glauben erfahren hat. Es spürte bei Jesus, was es bis dahin nie erleben durfte: Liebe und Zuwendung. Von seinen Eltern war es betrogen und verletzt worden. Am Anfang seiner Beziehung zu Jesus fragte sich das Mädchen – wie in dem Lied: Ist es wahre Liebe?

Ist es Liebe oder nicht? Wer über seine eigene Lebenswende nachdenkt, sein eigenes Ja zu Jesus Christus, erinnert sich vielleicht an dieses Hin- und Hergerissensein. So war es auch bei diesem Mädchen. Nachdem es aber Jesus Christus kennengelernt hatte, fing es alles gemeinsam mit ihm an. In seinem Tal der Verletzungen, des Niedergeschlagenseins und der Einsamkeit fand es einen Neubeginn.

In der Konfirmandengruppe herrschte tiefes Schweigen. Und wir beschlossen: Davon muss das Mädchen unbedingt am Sonntag beim Gottesdienst der Gemeinde berichten! Und genau das hat es auch getan und dann sangen wir dort gemeinsam dieses Lied. Das war für den Kirchengemeinderat sehr herausfordernd – Schlager im Gottesdienst! Aber was passierte? „Er gehört zu mir" wurde das Lied der Gemeinde. Und wann ist ein Lied das Lied der Gemeinde? Wenn ein Senior es sich zum Geburtstag wünscht.

Er gehört zu mir. Wie mein Name an der Tür. Es ist gut – ich mache das von Zeit zu Zeit –, sich noch einmal zu erinnern, wie Jesus zum ersten Mal bei dir an die Tür geklopft hat. Vielleicht leise und zaghaft. Und dann etwas lauter. Vielleicht hat er aber auch durch Schicksalsschläge mit aller Kraft und Macht die Tür bei dir eingetreten.

Jesus steht vor der Tür und will zu uns – wenn ich dafür ein Bild malen sollte, würde es so aussehen: ein dunkler Raum, darin ein Mensch auf einem Stuhl, in sich zusammengekauert. Und draußen vor der Tür eine Lichtgestalt, Jesus. Die Tür aber hätte nur auf einer Seite eine Klinke – innen. Und wenn ich mich verschließe und alles verrammle, wenn ich die Tür nicht öffne, mich nicht öffne für Jesus Christus – dann wird er auch nicht bei mir einkehren können.

„Siehe, ich stehe vor der Tür und klopfe an. Wenn jemand meine Stimme hören wird und die Tür auftun, zu dem werde ich hineingehen und das Abendmahl mit ihm halten und er mit mir“ (Offenbarung 3,20). Manchmal überhören wir dieses Anklopfen im lauten Getöse und Getriebe unserer Zeit. Und selbst wenn die Botschaft von Jesus unseren Kopf erreicht, ist es noch lange nicht gesagt, dass Jesus auch in unserem Herzen ankommt. Dass wir uns anrühren lassen, wenn er zu uns spricht – und sei es durch einen Schlager.

Es ist gut, dass wir die Adventszeit haben, in der wir uns besinnen können: Rührt da etwas an meine Herzenstür? Verlasse ich mich noch, wie bei der ersten Liebe, auf dich und dein Wirken in meinem Leben – hört mein Herz noch auf dich, Jesus? Oder bist du nur schmückendes Beiwerk geworden, weil es eben dazugehört?

Es ist gut, dass wir die Adventszeit haben, in der wir uns besinnen und unsere Herzenstür öffnen können – in froher Erwartung von Jesus, der mir nicht als Fremder, sondern in Liebe begegnen und bei mir sein möchte.

Entrümpeln

Gerade in der stillen Jahreszeit, der Adventszeit, veranstalten viele gerne Einkehrwochen. Hier sage ich oft: „Ihr braucht keine Einkehr-, sondern Auskehrwochen. Ihr müsst erst einmal in euch entrümpeln und Raum schaffen, damit der Geist Gottes in eurem Leben auch Platz findet."

Paulus gab der Gemeinde in Rom einen ähnlichen Rat: „Hört auf, euch zu streiten, *‚nehmt einander an, wie Christus euch angenommen hat zu Gottes Ehre'*" (Römer 15,7). „Hört endlich auf, einander das Leben schwer zu machen, und konzentriert euch auf das, was wirklich wichtig ist: dass die christliche Hoffnung zu den Menschen kommt."

Sind wir solche Hoffnungsträger? Lassen wir dem Geist Gottes Raum in unserem Leben?

Wenn eine kleine Hausgemeinde anfängt, Jugendarbeit zu machen, dann dauert es nicht lange, bis sie auch einen Kindergarten eröffnen will – denn es ist Gottes Geist, der in ihr wirkt. Wenn jemand die Idee hat, sein Hobby nach draußen zu tragen und eine Nähwerkstatt oder eine Fahrradwerkstatt oder eine Backstube zu eröffnen und zum gemeinsamen Werkeln einzuladen und dabei Bibelarbeiten zu halten – dann ist das der Geist Gottes.

Im biblischen Unterricht lernt man bei mir das Glaubensbekenntnis, die Zehn Gebote und das Vaterunser. Wenn die Jugendlichen mich fragen, warum sie das auswendig lernen müssen, sage ich ihnen: „Ihr müsst das gar nicht auswendig können. Das Wichtige ist, dass ihr es *inwendig* habt. Denn was ihr inwendig habt, das strahlt durch euer Leben und durch euer Verhalten nach außen." Paulus beschreibt es so: *„Der Gott der Hoffnung aber erfülle euch mit aller Freude und Frieden im Glauben, dass ihr immer reicher werdet an Hoffnung durch die Kraft des Heiligen Geistes"* (Römer 15,13).

Nutzen wir die Adventszeit doch als Auskehrwochen – als Zeit des Aufräumens und Loslassens von all dem Ballast, der Frieden und Freude in unserem Leben im Wege steht; der den Weg zu unseren Herzen versperrt, in denen der Heilige Geist seine Kraft entfalten möchte.

Mut zum Aufbruch

Die Adventszeit ist für mich immer auch eine Zeit des Innehaltens, eine Zeit, in der ich über mich und mein Leben nachdenke. Dann stelle ich mir gern drei Fragen.

Die erste Frage lautet: Was möchtest du eigentlich von dem, was du bisher gemacht hast, nicht mehr tun? Manchmal muss man Dinge loslassen, Abstand nehmen, vielleicht auch das Feld räumen und anderen Platz machen.

Die zweite Frage, die ich mir stelle, ist: Was möchte ich von dem, was ich bisher getan habe – Verkündigung, Bibelarbeit, Seniorenklub, Vorträge halten –, was davon möchte ich zukünftig mehr machen?

Die dritte Frage, die ich mir gern in der Adventszeit stelle, ist die spannendste: Was möchte ich machen, das ich noch nie gemacht habe? Ein Theaterstück schreiben und es selbst aufführen – so lautete in einem Jahr meine Antwort. Bei genauem Hinsehen war dieses Vorhaben letztlich auch eine Form der Verkündigung, nur nicht in einer Gemeinde, sondern im Theatersaal. Dann kam jedoch Corona, und ich hätte allen Grund gehabt, resignierend zu sagen: „Nun habe ich mir so viel Mühe gegeben und kann das Stück nicht aufführen!" Aber in der Adventszeit im Jahr darauf habe ich mir einfach aufs Neue die Frage gestellt: Was könnte ich mal machen, das ich noch nie gemacht habe? Vielleicht ein Kinderbuch schreiben und Kindern christliche Werte ans Herz legen? Das hätte sogar einen doppelten Effekt: Ich erreiche die Kinder und gleichzeitig die vorlesenden Eltern und Großeltern.

So ist die Adventszeit bei mir zwar eine Zeit des Innehaltens, aber auch eine Zeit des inneren Aufbrechens. Manchmal braucht es dafür nur etwas Mut.

Ich lernte einmal eine Bankerin kennen, die mir bei der Baufinanzierung von Jugenddörfern half. Wir hatten ein gutes Verhältnis und eines Tages rief sie mich an: „Herr Hühnerbein, wann sind Sie mal wieder in Berlin? Ich würde Sie gern sprechen." Wir vereinbarten einen Termin, und als ich zum Abschluss sagte: „Wir treffen uns in Ihrem Büro", entgegnete sie: „Nein, nein, nicht im Büro! Wir treffen uns außerhalb." Na, dachte ich, was da wohl auf mich zukommt …

Und dann trafen wir uns und saßen in der Lobby eines Hotels. Sie starrte in ihr Wasserglas, schwenkte es hin und her, dass die Eiswürfel leise klirrten. Schließlich schaute sie auf und sagte: „Herr Hühnerbein, Sie sind doch Pfarrer." Wenn ich diesen Satz höre, gehen bei mir alle Warnlampen an. Denn dann dauert es keine fünf Minuten und ich fahre Achterbahn in der Lebensgeschichte meines Gegenübers: Zuerst geht es meist noch langsam hinauf – dann aber plötzlich rasant hinunter. Da gibt es die steilen Linkskurven, die steilen Rechtskurven, Loopings, und zum Schluss schwankt man und braucht eine Weile, bis man wieder Boden unter den Füßen hat.

Ich war also auf alles gefasst. Die Bankerin holte tief Luft. „Vor vier Wochen ist meine Mutter gestorben. Und bei ihrer Beerdigung war ich sehr beschämt … Denn da habe ich zum ersten Mal gehört, was meine Mutter in ihrer Gemeinde alles gemacht hat. Ich wusste zwar, dass sie sich dort engagierte, und freute mich immer, dass sie gut aufgehoben war. Aber was sie alles gemacht hat, das wusste ich nicht: Sie hat gestrickt,

Schals, Handschuhe, Mützen … Die Mützen, irgendwas zwischen Kippa und Wollmütze, haben besonders Jugendliche geliebt. Die Sachen wurden sogar auf einem Basar verkauft, der Erlös ging an eine Missionsstation in Afrika. In der Adventszeit hat sie Berge von Plätzchen gebacken und in Tüten gepackt, sich den Gemeindebrief unter den Arm geklemmt, Leute besucht und ihnen eine schöne Adventszeit gewünscht. Auch Fernstehenden hat sie einen Gruß gebracht und ihnen im wahrsten Sinne des Wortes die Gottesdienste und die Angebote der Gemeinde schmackhaft gemacht."

„Aber was ist denn daran beschämend?", wunderte ich mich, noch immer auf eine Achterbahnfahrt gefasst.

„Wissen Sie, ich habe noch nie so etwas gemacht. Nichts. Gar nichts."

„Und was", fragte ich, „hindert Sie daran, jetzt damit anzufangen?"

Da antwortete sie: „Ich kann nicht stricken. Und ich kann auch keine Plätzchen backen. Ich habe es mal versucht, aber mein Mann meinte, sie würden eher zum Scheibeneinwerfen taugen …"

„Na ja", sagte ich, „aber jeder hat doch etwas, worin er gut ist und was er für andere tun kann."

„Ja", antwortete sie, aber es klang ratlos.

„Was machen Sie denn besonders gern?"

„Ich fahre mit meinem Mann oft Fahrrad. Kinder haben wir leider keine."

„Und was halten Sie davon, bei Ihren Radtouren Kinder aus sozialen Brennpunkten mitzunehmen und mit denen eine Radtour zu machen?"

Einige Zeit später trafen wir uns mit ihrem Mann, und bald darauf fing die Bankerin an, bei ihren Mitarbeitern in der Bank alte Fahrräder zu sammeln – weil Kinder aus sozialen Brennpunkten von allem eigentlich nichts und schon gar keine Fahrräder haben. Wir fanden gemeinsam eine Garage, die zu einer Fahrradwerkstatt umfunktioniert wurde. Und Kinder und Jugendliche kamen, reparierten die Räder, machten sie straßen- und verkehrstauglich. Die Krönung waren die Radtouren. Die Bankerin und ihr Mann unternahmen mit den jungen Leuten sogar eine mehrtägige Radwanderung von Jugendherberge zu Jugendherberge. Die Frau hatte ihre Aufgabe gefunden.

Und ich war in der Fahrradwerkstatt zu meiner schönsten Adventsfeier eingeladen. Es gab einen Adventskranz – ein Speichenrad mit Tannenzweigen zwischen den Speichen und Teelichtern darauf – und selbst gebaute Hocker mit Sitzflächen aus alten Fahrradsatteln ... Ich habe schon bequemer gesessen, aber keine stimmigere Adventsfeier erlebt. Heute machen die Bankerin und ihr Mann etwas anderes, aber die Werkstatt läuft weiter.

In der Adventszeit können wir innehalten, aber nicht, um resignierend zu sagen: „Ach, das geht ja alles nicht", sondern um neu zu fragen, was geht. Denn manchmal gehen ganz andere Dinge, wenn wir nur mutig genug sind aufzubrechen.

Deshalb ist das Entscheidende in der Advents- und Weihnachtszeit für mich nicht das Besinnen auf den gekommenen, sondern auf den wiederkommenden Christus. Ich kann mich natürlich hinsetzen, die Arme verschränken und sagen, na, dann warte ich mal ... – aber gerade das heißt für mich nicht Advent; Advent ist die Verheißung, dass ich dem wiederkommenden Christus entgegengehen kann: indem ich nachlebe, was er vorgelebt hat, ich anderen von seinen Gleichnissen und Predigten erzähle. Dann ist Advent Aufbruchszeit. Eine

Zeit, in der wir uns nicht nur am hellen Schein der Adventskerzen freuen, sondern selbst leuchten. *„Ihr seid das Licht der Welt"*, predigte Jesus seinen Jüngern. *„So lasst euer Licht leuchten vor den Leuten, damit sie eure guten Werke sehen und euren Vater im Himmel preisen"* (Matthäus 5,14.16).

Das Licht sehen

In der traurigen Jahreszeit, wo sich nur selten Sonnenstrahlen durch die Wolken brechen, tut es gut zu lesen: *„Das Volk, das im Finstern wandelt, sieht ein großes Licht, und über denen, die da wohnen im finstern Lande, scheint es hell.*" Worte von Jesaja (9,1), die in diese Zeit passen. Aber passen sie auch heute in dein Leben?

Ja, würde der eine sagen, es gab schon immer finsteres Land, und es wird auch immer finsteres Land geben. Wenn Jugendliche eine junge Frau schlagen, die dann stirbt; wenn der Islamische Staat nicht nur in der arabischen Welt tobt, sondern diese Konflikte auch zu uns schwappen – wie finster muss es in unserem Land noch werden?

Über das finstere Land draußen kann man viel reden. Aber haben wir nicht auch ein Stück finsteres Land in uns? Wenigstens einen dunklen Winkel, den wir eigentlich gar nicht sehen möchten?

Was bereitet dir schlaflose Nächte? Das Alleinsein? Die Ausweglosigkeit deiner Krankheit, die dein Leben und deine Seele verdunkelt?

Wenn wir bei Jesaja weiterlesen, heißt es dort: *„Denn du hast ihr drückendes Joch, die Jochstange auf ihrer Schulter und den Stecken ihres Treibers zerbrochen*" (Jesaja 9,3). „Na ja", wendest du ein, „ich trage doch kein Joch! Und es gibt da auch keinen Stecken eines Treibers, der mir zusetzt."

Aber vielleicht hast du erst vergangene Woche gesagt: „Ich bin beruflich so eingespannt, dass ich den Berg der Arbeit kaum noch überblicken kann … Und ich habe gerade so viel mit mir und meiner Familie zu tun, dass ich gar keine Zeit mehr für andere habe …"

Eingespannt – woher kommt dieses Wort? Es kommt vom Joch – in das ich eingespannt bin. „Das hat Jesaja damals zu den Völkern gesagt, die unter einer fremden Herrschaft litten, die keine Religionsfreiheit hatten, geknechtet wurden, unfrei waren und ihren Glauben nicht offen ausleben konnten", könnte man einwenden. „Das war doch eine andere Zeit."

Ja, das war eine andere Zeit. Dennoch: Können wir heute so ohne Weiteres sagen, wir sind Christen, freuen uns auf Weihnachten, leben und bekennen unseren Glauben? Solange man an der Oberfläche bleibt, vielleicht. Aber hast du nicht auch schon manchmal gedacht: „Wenn ich jetzt sage, was ich denke, dann gibt es nur Probleme, das will ich lieber nicht riskieren …"? Wie oft schweigt man am Arbeitsplatz, im Freundeskreis? Und wie oft halten wir selbst in der Familie, bei den Menschen, die uns am nächsten stehen, den Mund?

Der Prophet Jesaja sagte den Leuten: *„Das Volk, das im Finstern wandelt, sieht ein großes Licht; und über denen, die da wohnen im finstern Lande, scheint es hell."* Aber die Menschen damals waren kaum anders als die Menschen heute: Sie zweifelten. Obgleich ihnen doch Jesaja zuvor die Worte zugesprochen hatte: *„… es wird nicht dunkel bleiben über denen, die in Angst sind"* (8,23). Wer Angst hat, kann dies oft kaum glauben. Menschen, die Angst haben, erleben für sich und ihr Leben eine unausweichliche Enge.

Was macht dein Leben eng? Ist es der schwierige Weg, der vor dir liegt, die Not, die dich plagt, die Krankheit, mit der du nicht umgehen kannst, oder vielleicht der Selbstwertverlust, den du erlitten hast, weil du übergangen wurdest?

Jesaja sagte den Leuten damals: „Es wird auf eurem Weg auch Licht geben." Gleichzeitig verschwieg er nicht, wie grausam dieser Weg sein konnte: *„Denn jeder Stiefel, der mit Gedröhn dahergeht, und jeder Mantel, durch Blut geschleift, wird verbrannt und vom Feuer verzehrt"* (Jesaja 9,4). Hast du schon einmal Stiefel gehört, die mit Gedröhn dahergehen, militärische Stiefel, die auf die Straße krachen? Erinnerst du dich an Filme, in denen der Schritt der Stiefel nichts anderes verhieß als das herannahende Grauen? *„... und jeder Mantel, durch Blut geschleift"* – frag einmal ehemalige Soldaten, die einen Auslandseinsatz hatten und erlebt haben, wie ihre Uniformen durchs Blut schleiften. Und die, als sie zurückkehrten, nicht sofort nach Hause konnten, sondern erst einmal irgendwo fern der Zivilisation, in einer Hütte auf einem Berg, mit ihren Traumatisierungen umgehen lernen mussten.

Welche Botschaft hat Jesaja für solche Menschen – aber auch für dich und mich? Er sagt: „Es kommt ein Licht." Und dieses Licht steht nicht allein für Orientierung und Helligkeit, sondern auch für Wärme. Wärme schenkt Geborgenheit. Wärme und Licht sind Zeichen von Behaglichkeit, dafür, dass man sich zurückziehen und durchatmen kann.

Wenn wir Jesajas Botschaft zu Ende lesen, klingen seine Worte fast feierlich: In die Dunkelheit kommt das Licht, *„ein Sohn ist uns gegeben"*! Wie in einem großen Konzert folgt ein Paukenschlag dem nächsten: *„die Herrschaft ist auf seiner Schulter"*. Er hilft uns, unser Joch zu tragen, er nimmt uns unsere Last ab, *„er heißt Wunder-Rat, Gott-Held, Ewig-Vater, Friede-Fürst"* (9,5). Was für eine Botschaft!

Auf Weihnachtsmärkten und Adventsausstellungen – überall sehen wir blinkende Lichterketten. Aber ich habe fast den Verdacht, dass diese vielen Lichterketten das wahre Lebenslicht nicht so recht zu unseren Herzen vordringen lassen: das Lebenslicht Jesu Christi. *„Das Volk, das im Finstern wandelt, sieht ein großes Licht"* – das ist das Wichtigste. Vielleicht sollten wir unsere Adventskerzen anzünden, damit uns ein Licht aufgeht: Gott ist Mensch geworden, wir bleiben in der Dunkelheit nicht allein.

Über die Schwelle gehen

Ich bin nicht gerade der Sportlichste. Als der Schöpfer meine Beine zusammenschraubte, hat er wohl eher eine außergewöhnliche Stolperfähigkeit eingebaut. Was auch eine Gnade ist – so könnte ich prima den Butler in dem Stück „Dinner for One" spielen. Ein Handicap kann durchaus eine Gabe sein. Aber im Sportunterricht, wenn die Besten die Mannschaften zusammenstellen durften, stand ich immer da wie ein begossener Pudel und war einer der Letzten.

Wenn man abgewiesen wird, ist das frustrierend. Wir bewerben uns um eine Stelle, doch am Ende bekommt sie ein anderer. Nicht willkommen zu sein, draußen bleiben zu müssen, das ist immer auch wie eine subjektiv empfundene Niederlage.

Von Jesus aber bekommen wir eine Zusage. Er versichert uns: „*... wer zu mir kommt, den werde ich nicht abweisen*" (Johannes 6,37). Im griechischen Urtext liest sich diese Zusage sogar noch stärker, für „nicht abweisen" heißt es dort: „niemals nicht". Diese doppelte Verneinung ist wie ein doppeltes Ja: „Bei mir bist du richtig." Was für eine Botschaft! Da ist eine Adresse, bei der ich immer willkommen bin. Eine Tür, die sich, wenn ich komme, für mich öffnet. Ich muss sie nur sehen, die offene Tür.

Es gibt die menschliche Eigenart, gerade an den Türen zu verweilen, ja manchmal sogar zu rütteln, die doch verschlossen sind. Erst kürzlich habe ich das wieder vor einer Kirchentür erlebt: Einige Leute rüttelten und zerrten und traten die Tür fast ein. Da kam ich hinzu und habe gesagt: „Versucht's doch mal mit der Nachbartür!" Und tatsächlich – die Tür daneben stand offen. Manchmal arbeiten wir uns an verschlossenen Türen ab und übersehen die offenen. Und genauso arbeiten wir uns manchmal an den verschlossenen Türen unseres Lebens ab und übersehen die, die uns Jesus für unseren Weg und unser Leben öffnet.

Wie oft bin ich wohl schon an Jesus vorbeigelaufen, obwohl ich so viel von ihm gehört und gelesen habe? Jesus selbst rief den Leuten um sich herum und auch seinen Jüngern wieder und wieder zu: „Ich bin es – doch ihr scheint mich nicht zu erkennen." Wenn wir der Einladung von Jesus folgen wollen, müssen wir erst einmal erkennen, auch *an*erkennen, wer Jesus ist. Wenn ich die offene Tür entdecken will, brauche ich vielleicht einen neuen, anderen Blickwinkel. Und diesen Blick für Jesus und seine Bedeutung für mich und mein Leben eröffnet mir der Geist Gottes – der Glaube.

Glaube ich an Jesus, den Befreier, den Barmherzigen, Tröster und Erlöser? Bei Jesus steht die Tür weit offen, aber ich muss auch hindurchgehen. Nicht nur verhalten an der Schwelle stehen bleiben und warten, dass alles von allein gut wird. Ich muss die Schwelle überwinden und mich ihm anvertrauen, auch wenn ich mich gefangen fühle, mir das Wasser bis zum Hals steht und ich in einem Meer aus Tränen zu ertrinken drohe.

Und wo werde ich dann landen? Wenn ich dem Glauben folge, dass ich von meinem Schmerz, meiner Scham befreit, getröstet und erlöst leben kann, wenn ich durch die Tür trete, die Jesus Christus mir aufhält, dann lande ich bei Gott.

„Ich bin das Brot des Lebens; wer zu mir kommt, wird nie mehr hungern, und wer an mich glaubt, wird nie mehr Durst haben“ (Johannes 6,35). Das ist die Einladung, die Jesus an jede und jeden von uns ausspricht. Wenn ich ihr folge, erhalte ich alles, was ich für ein erfülltes Leben brauche.

Nachwort

Eine Handvoll Hoffnung schenken. Ist das viel oder ist das wenig? Eine Handvoll Reis kann für manche Menschen sehr viel sein und ihr Überleben bedeuten. Aber wie ist es mit der Handvoll Hoffnung?

Wenn ich meine Hand anschaue, dann sehe ich fünf Finger; jeder Finger steht für einen Aspekt der Hoffnung. Der erste für meinen *Hoffnungsgrund*: Das ist Gott, der mich geschaffen hat als ein einmaliges und unverwechselbares Original. Ich bin ein Wunschkind Gottes. Er steht zu mir als Geschöpf, er begleitet mich, mit ihm gemeinsam gehe ich stets vorbereitete Wege.

Der zweite Finger steht für mein *Hoffnungszeichen*. Am Weihnachtsfest feiern wir das Geschenk Gottes an uns: Sein Sohn Jesus Christus kommt auf die Welt und ist unser Hoffnungszeichen. Er begegnet uns auf Augenhöhe, verspricht uns, bei uns zu sein alle Tage bis an der Welt Ende. Dass er unser Hoffnungszeichen ist, lesen wir auch in der Weihnachtsgeschichte: *„Und das habt zum Zeichen: Ihr werdet finden das Kind in Windeln gewickelt und in einer Krippe liegen*" (Lukas 2,12) – das gilt für die Hirten und die Weisen wie für dich und mich.

Der dritte Finger steht für die *Hoffnungsbotschaft*. Das Zentrum der Hoffnungsbotschaft ist Ostern – Kreuz und Auferstehung. Ein Geschenk, das über die Begrenztheit meines

Lebens hinausweist in die Ewigkeit. Es ist die Botschaft, die mich nicht sterben lässt, sondern mich umziehen lässt in die Ewigkeit, in die himmlische Wohnung.

Der vierte Finger steht für *Hoffnungsorte*: Kirchen, Gemeinden, christliche Tagungsstätten, Begegnungshäuser. Und sie, so lernen wir das vom Pfingstfest, sind konstituiert durch den Heiligen Geist. Der Heilige Geist ist das Geschenk Gottes an uns, dass wir all die Lasten, die uns auf die Schultern gelegt werden, auch tragen können. Der Heilige Geist ist die Kraft Gottes, die tragen hilft.

Bleibt noch der fünfte Finger. Er steht für mich und für alle, die sich als Christinnen und Christen verstehen. Das sind die *Hoffnungsträger*, die den Hoffnungsgrund, das Hoffnungszeichen und die Hoffnungsbotschaft nicht nur an die Hoffnungsorte, sondern überallhin tragen, wo Menschen sind: in die Familie, an den Arbeitsplatz, den Verein, in die Politik, die Wirtschaft – dort gilt es, die Hoffnungsbotschaft zu verbreiten. Wir können sie uns nicht verdienen, wir bekommen sie im wahrsten Sinne des Wortes geschenkt. Wenn wir Christinnen und Christen Hoffnungsträger werden in einer scheinbar hoffnungslosen Zeit, dann ist eine Handvoll Hoffnung ganz schön viel!